Herderbücherei

Band 815

Über das Buch

Fast 1,5 Millionen Muslime leben unter uns. Was wissen wir eigentlich von ihnen? Von Jugend an wird ihr Leben vom Koran geprägt. Der Islam gibt ihrem Tageslauf und ihrem Verhalten zueinander eine strenge Ordnung. Er ist aber auch eine revolutionäre, weltpolitische Kraft, wie die Ereignisse im Vorderen Orient zeigen, denn er beansprucht, „die beste Gemeinschaft" unter den Menschen zu errichten. Wir haben also allen Grund, uns mit dem Islam gründlicher zu beschäftigen. Dieses Taschenbuch erläutert dem Leser die Herkunft und die Grundlehren des Islams und zeigt, wie sich daraus unbedingte Leitsätze für das gesamte Leben der Gläubigen ergeben. Dabei wird, bei aller Unterschiedlichkeit, ein überraschendes Maß von Gemeinsamkeit zwischen islamischer und christlicher Überlieferung sichtbar. Darin liegt der Ansatzpunkt für ein vertieftes gegenseitiges Verständnis.

Über den Autor

Prof. Dr. Adel Theodor Khoury, geb. 1930 im Libanon. Priesterweihe 1953. Lizenziat der Philosophie (1959), der Orientalistik (1960), Docteur ès Lettres (Habilitation) Lyon/Frankreich (1966), Privatdozent für Religionswissenschaft in Münster/Westfalen (1966), apl. Prof. (1970), Wissenschaftlicher Rat und Professor (1970), zur Zeit Leiter des Seminars für Religionswissenschaft im Fachbereich Kath. Theologie der Universität Münster. Zahlreiche Veröffentlichungen über den Islam und die Beziehungen zwischen Christen und Muslimen.

Adel Th. Khoury

# Begegnung mit dem Islam

## Eine Einführung

Herderbücherei

Originalausgabe
erstmals veröffentlicht als Herder-Taschenbuch

Umschlaggraphik: Paul Corazolla


Herder Freiburg · Basel · Wien
Herstellung: Freiburger Graphische Betriebe 1980
ISBN 3-451-07815-5

# Inhalt

5. Kapitel
## DIE ISLAMISCHE GEMEINSCHAFT



6. Kapitel
## DER ANSPRUCH DES ISLAMS



7. Kapitel
## CHRISTEN UND MUSLIME

# Umschrift arabischer Buchstaben

| | |
|---|---|
| ᾿ | Explosionslaut |
| th | englisches th (thing) |
| dj | französisches j |
| ḥ | scharfes h |
| kh | ch (wie in ach) |
| dh | englisches th (the) |
| z | französisches z |
| sh | sch |
| ṣ | dumpfes s |
| ḍ | dumpfes d |
| ṭ | dumpfes t |
| ẓ | dumpfes englisches th (the) |
| ʿ | stimmhafter Reibelaut |
| gh | Gaumen-r |
| w | englisches w |
| y | deutsches j |
| ā, ī, ū | lange Vokale |

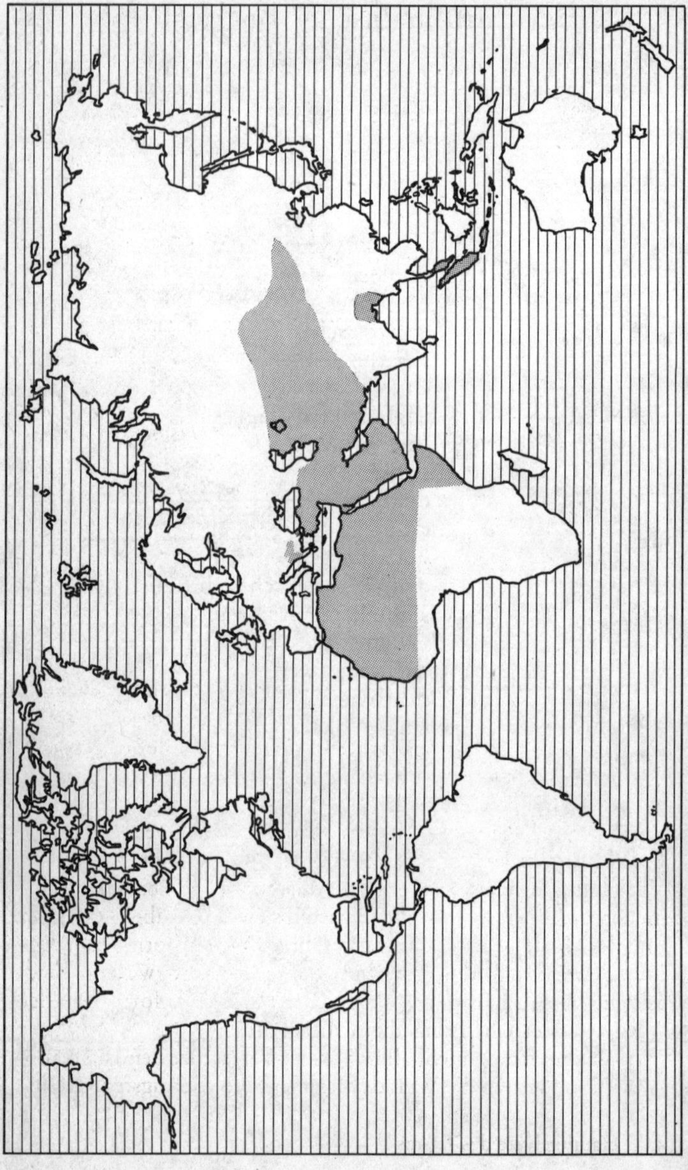

# Vorwort

Es vergeht kein Tag, an dem wir nicht in irgendeiner Form mit der Welt des Islams konfrontiert werden. Nicht nur die Urlauber wissen von der Kultur, von gesellschaftlichen Zuständen und Vorgängen und von den religiösen Vorstellungen und Praktiken muslimischer Völker zu berichten. Auch die Massenmedien bringen jeden Tag verschiedene Nachrichten aus den islamischen Ländern. In letzter Zeit schrecken die Nachrichten von der erstarkten Erweckungsbewegung des Islams im Vorderen Orient, im Iran, in der Türkei, in Pakistan und in den Ländern Südostasiens viele Menschen in Europa auf. Es werden historisch bedingte Vorurteile und psychisch noch nicht verarbeitete Gefühle des Mißtrauens und der Furcht vor einer Umklammerung Europas und der westlichen Welt durch den Islam wieder wach.

Aber auch die Tatsache, daß über 1,5 Millionen Muslime, in der überwiegenden Mehrheit Türken, unter uns leben, arbeiten, um die Wahrung ihrer andersgearteten Identität kämpfen und sich mit der Frage nach ihrer Integration in der deutschen Gesellschaft auseinandersetzen, bringt mit sich, daß die Begegnung mit dem Islam und mit Muslimen nunmehr ein Bestandteil der täglichen Wirklichkeit geworden ist.

Damit die Begegnung mit dem Islam nicht zu einer unüberlegten Konfrontation führt, sondern den Weg zu einer besseren Verständigung und zu einer friedvollen und fruchtbaren Zusammenarbeit ebnet, müssen die Christen sich besser über den Islam und die Muslime besser über das Christentum informieren. Andere Schritte müssen gleichzeitig unternommen werden bzw. folgen. Dem dringenden Anliegen der besseren Information der Christen über den Islam dient dieses Buch.

Es will und kann nicht alles Wissenswerte über den Islam ausführen, sondern in die Welt des Islam, in die wichtigsten religiö-

◀ ▩ Hauptgebiete des Islams

sen und moralischen Wertvorstellungen einführen, von denen die gläubigen Muslime leben und die ihre traditionelle Kultur so tief beeinflussen und prägen.

Nach dem Glauben der Muslime ist der Koran das Wort Gottes, er besitzt eine unbestrittene Autorität und bildet die absolute Mitte des Islams. Er ist und bleibt Grundlage, Hauptquelle und letzte Instanz für den islamischen Glauben und die islamische Lebensweise. So wird er hier immer wieder in den Mittelpunkt der Ausführungen gerückt. Neben ihm wird auch die mit besonderer Autorität versehene Tradition (Sunna und Ḥadīth) herangezogen.

Koran und Tradition wollen die islamische Gemeinschaft als die „beste Gemeinschaft“ unter den Menschen errichten. Daher wird das Leben des gläubigen Muslims in Zusammenhang mit dem Leben und der Struktur der Gemeinschaft beschrieben.

Besondere Aufmerksamkeit wird der sozio-politischen Dimension des Islams, insbesondere den Beziehungen der Muslime zu den Anhängern anderer Religionen – vor allem den Christen – geschenkt.

1. KAPITEL

# Der Islam ist eine Weltreligion

Die Begegnung der Christen mit Muslimen ist nicht eine Sache neueren Datums. Sie geht auf die Entstehungszeit des Islams selbst zurück. Muḥammad, der Verkünder des Islams, trat in allen Etappen seiner Verkündigung in Kontakt mit Christen und setzte sich mit ihnen auseinander. Auch nach seinem Tode im Jahr 632 und vor allem durch die Eroberungszüge des Islams im Vorderen Orient, in Nordafrika und in Europa traf der Islam auf die Christenheit, die sich gegen die neue Macht politisch, militärisch, kulturell und religiös zur Wehr setzte. So herrschte in den Beziehungen der Christen zu den Muslimen lange Zeit Feindschaft und Kampf. Bei den Christen, die in den vom Islam eroberten Gebieten geblieben sind, konnte aufgrund der sehr unterschiedlichen Behandlung, die ihnen die muslimischen Machthaber angedeihen ließen, das Mißtrauen, das Ressentiment, ja der Haß nicht überwunden werden.

Die Muslime ihrerseits empfanden nur Gefühle der Demütigung und der Bitterkeit, als die meisten ihrer Länder im 19. Jahrhundert von den Mächten Europas zu Kolonien gemacht wurden. Der Haß, den die Kreuzzüge im Mittelalter bei ihnen hervorgebracht hatten, wurde erneut wach. Sie fühlten sich von der Macht, der Kultur, der Zivilisation und dem Reichtum der Kolonialmächte erdrückt. Nicht nur ihre politische Unabhängigkeit ging verloren, sie liefen sogar Gefahr, ihre eigene Identität, die durch den Islam geprägt war, allmählich zu verlieren, und glaubten, einer schwerwiegenden Zukunftsbedrohung ausgesetzt zu sein, der sie aus eigener Kraft nicht widerstehen könnten.

Mir scheint, daß wir heute in eine dritte Phase der Beziehungen zwischen Christen und Muslimen eingetreten sind. Zwar gehören die meisten islamischen Länder zu den armen und unterentwickelten Gebieten der Erde. Aber einige ihrer Zentralländer im Vorderen Orient und in Nordafrika kennen zur Zeit einen reichen Ölsegen und bemühen sich, den Muslimen in der Welt eine wirksame finanzielle, kulturelle und religiöse Unterstützung zukommen zu lassen, damit sie sich in ihrer zerbrechlichen, neu erlangten Freiheit stärken, ihren Mittelpunkt nicht mehr im Westen oder im Osten suchen und endlich den Findungsprozeß ihrer eigenen Identität vorantreiben.

Die großen Anstrengungen in dieser Hinsicht und die nicht immer konstruktiv verlaufende Erweckungsbewegung in der islamischen Welt heute sind Anzeichen und Ausdruck dieses Willens, die islamisch geprägte Gestalt der Gesellschaft zur Grundlage und zum Rahmen des Lebens in den islamischen Ländern zu machen. Ausgenommen die Erscheinungen eines übertriebenen Eifers und die unkontrollierten Ausbrüche eines naiven oder fanatischen Machtwillens, scheint die heutige Erweckungsbewegung im Islam eine Phase einzuleiten, die zu einer neuen Selbstsicherheit und Gelassenheit der Muslime führen wird. Diese wiedergewonnene Gelassenheit wird sie zunehmend für den Dialog und die Zusammenarbeit mit den anderen Religionsgemeinschaften in der Welt, vornehmlich mit den Christen, wieder öffnen.

In der jetzigen Übergangsphase zeigen sich die Muslime wieder stolz auf die Leistungen ihrer Religion als Weltmacht in der Vergangenheit und als ein nicht mehr zu übersehender Partner in der Gegenwart. Die zunehmende Bedeutung der islamischen Ölländer in der politischen Szenerie heute wird durch die Erfolge der islamischen Missionierung in Afrika und sogar durch die Befestigung ihrer Präsenz in Europa und Amerika nur noch mehr unterstrichen und deutlicher zum Ausdruck gebracht. Solche Erfolge erinnern die Muslime an ihre ruhmreiche Vergangenheit, als der Islam zum erstaunlich schnellen Eroberer der antiken Welt und, neben Byzanz und Persien, zum Träger der Kultur im Vorderen Orient und im Mittelmeerraum wurde.

## *Etappen der Verbreitung des Islams*

Vor dreizehn Jahrhunderten, als Muḥammad 632 starb, stand die junge islamische Gemeinschaft vor großen Problemen. Die Kerngemeinde in Medina konnte nicht verhindern, daß die arabischen Stämme der Wüste, die zu Lebzeiten Muḥammads ihre Treue zum Islam bekundet hatten, nun die Solidarität mit dem Islam aufkündigten und mit diesem ersten Abfall den Bestand des Islams gefährdeten. Es begann die mühsame Periode der Wahrung der Einheit und der Festigung der solidarischen Struktur der Gemeinschaft. Den ersten Nachfolgern Muḥammads (Khalifen genannt) kam die Aufgabe zu, in Arabien die unbestrittene Vorherrschaft des Islams zu etablieren und zu festigen und die Ausdehnung dieser Vorherrschaft auch außerhalb Arabiens voranzutreiben. Damit sollten die arabischen Stämme in Syrien und im Irak für den Islam gewonnen werden; die Muslime würden außerdem in den eroberten Gebieten weitaus fruchtbareres und reicheres Land als das dürre Arabien in Besitz nehmen.

Die Periode der ersten vier Rechtgeleiteten Khalifen erstreckt sich von 632 bis 661. Abū Bakr (632–634) setzte seine Truppen ein, um die abgefallenen arabischen Stämme zu bestrafen und zum Islam zurückzuführen. Die ersten Feldzüge außerhalb Arabiens, die er gestartet hatte, wurden unter seinem Nachfolger, dem großen Khalifen ʿUmar (634–644), verstärkt fortgesetzt. ʿUmar besitzt eine besondere Bedeutung für die Gesetzgebung des Islams. Denn er war es vor allem, der in Anlehnung an die Bestimmungen des Korans und an die Anweisung und Verhaltensweisen Muḥammads die Regeln festsetzte, nach denen die besiegten oder die sich unterwerfenden Stämme und Völker behandelt werden sollten. Spätere Rechtsgelehrte berufen sich gern auf ihn, um bestimmte Meinungen und Richtungen in Rechtsfragen durchzusetzen. Unter ʿUmar gelang es den muslimischen Truppen, Damaskus (635) und Syrien, Jerusalem (638) und Palästina, den Irak und einen Teil Persiens (ab 638) sowie Ägypten (638–642) zu erobern. ʿUmars Nachfolger ʿUthmān (644–656) bemühte sich hauptsächlich um die Ausarbeitung und Feststellung des offiziellen Textes der koranischen Offenbarung. Unter ihm wurde ganz Persien erobert.

Der vierte Khalif ʿAlī (656–661) ist Vetter Muḥammads und der Ehemann seiner Tochter Fāṭima. Aus dieser Ehe stammen die einzigen direkten Enkelkinder und die weiteren Nachkommen des Propheten Muḥammad. Bei jeder früheren Khalifenwahl war ʿAlī zurückgedrängt worden. Als er schließlich zum Khalifen gewählt wurde, fand er Gegner, die ihn beschuldigten, den Mord an ʿUthmān gebilligt oder gar dazu ermuntert zu haben. ʿAlī besiegte seine Feinde, die sich um Muḥammads Witwe ʿĀʾischa geschart hatten (1156). In Ṣiffīn/Nordsyrien war er gegen die Truppen des Statthalters in Syrien, Muʿāwiya, eines Verwandten ʿUthmāns, gerückt (1157). Trotz seiner guten Siegeschancen stimmte er einem Vergleichsangebot seines Gegners zu. Das ganze Verfahren wurde vom schlauen Muʿāwiya und von seinem Unterhändler so zu ihren eigenen Gunsten geführt, daß ʿAlī einen schweren Stand hatte. Gegen die Zustimmung zum Vergleich überhaupt rebellierte eine Gruppe: Sie bildeten die Sekte der Khāridjiten (= diejenigen, die sich von ʿAlī zurückgezogen haben). Die Partei ʿAlīs ergriffen seine treuen Anhänger, die Shīʿiten (= Partisanen). Die Mehrheit der Muslime arrangierte sich mit der Ausrufung des Muʿāwiya zum Khalifen im Jahre 660: Das sind die Sunniten. ʿAli wurde 661 von einem Khāridjiten ermordet.

Mit Muʿāwiya beginnt die Regierungszeit der Umayyaden (661–750); denn es gelang ihm, das Khalifat zu einer erblichen Monarchie zu machen, indem er seinen Sohn Yazīd zum Thronfolger bestimmte. Die Umayyaden hatten im Inneren des islamischen Reiches gegen die Anfechter ihrer Legitimität, vor allem die Shīʿiten, und gegen die Aufstände mancher arabischer Stämme zu kämpfen. Gegenüber den jüdischen und christlichen Minderheiten zeichnet sich diese Zeit, vor allem in den Anfängen, durch eine ziemliche Toleranz und Großzügigkeit aus, und zwar solange der Verwaltungsapparat, das wirtschaftliche Leben und die medizinische Versorgung der Aristokratie auf die Dienste der Juden und der Christen nicht verzichten konnten. Ab 700 wurde dann eine stärkere Arabisierung und damit eine stärkere Islamisierung des Verwaltungsapprates durchgesetzt.

Nach außen hin setzte sich die Verbreitung der islamischen Herrschaft im Westen über ganz Nordafrika (700) bis ins Innere Spaniens hinein (711–717) fort. In Frankreich drangen die muslimischen Truppen bis Tours und Poitiers (717–732) vor, wo sie durch Karl Martell geschlagen und endgültig am Vorankommen in Westeuropa gehindert wurden. Im Osten überschritten die Muslime ohne Aufbietung großer militärischer Macht die Grenzen Persiens, sie erreichten Nordindien und drangen in Zentralasien bis nach China vor.

Im Jahre 750 fiel die Umayyaden-Dynastie der aufständischen Bewegung der ʿAbbāsiden und deren Verbündeten zum Opfer. Die ʿAbbāsiden verlegten die Hauptstadt des islamischen Reiches zunächst nach Kūfa und dann nach Bagdad im Irak. Die Regierungszeit der ʿAbbāsiden erstreckt sich von 750 bis 1258. Die etwa ersten hundert Jahre ihrer Herrschaft haben sie zur Konsolidierung des Reiches im sunnitischen Lager verwendet. In diese Periode fallen die Regierungszeiten des großen Hārūn al-Rashīd (786–809) und seines Sohnes al-Ma'mūn (813–833), die den kulturellen Höhepunkt der ʿAbbāsidenzeit ausmachten. Unter den ʿAbbāsiden wurde auch den nicht-arabischen Familien und Traditionen in der Verwaltung des Reiches und in der Ausformung seiner Zivilisation bedeutend mehr Einfluß eingeräumt. So beherrschten die Perser (z.B. die Barmakiden) den Verwaltungsapparat und die griechische Philosophie das intellektuelle Leben (vor allem dank des Beitrags der syrischen Christen).

Bald mußten aber die ʿAbbāsiden die Zersplitterung des Reiches hinnehmen. In Andalusien (Spanien) bildete sich schon im Jahre 756 ein Umayyaden-Reich (bis 1031), in den entlegenen Provinzen machten sich verschiedene Herrscher nach und nach selbständig, so u.a. in Nordafrika und Ägypten die shīʿitischen Fāṭimiden (968–1171), in Ägypten, Syrien und Nordmesopotamien die sunnitischen kurdischen Ayyūbiden (1174–1250), in Ägypten der Mamluken (1250–1517). 1250 wurde der letzte Khalif der ʿAbbāsiden-Dynastie durch die angreifenden Truppen der Mongolen getötet.

Das islamische Reich wurde unter den ʿAbbāsiden mit den Kreuzzügen der westlichen Christen konfrontiert (1095–1270). Vor allem ist anzumerken, daß in dieser Zeit die Bedeutung des türkischen Elements hervortrat, und zwar zunächst einmal ab 1055 durch die Seldjuken und ab Ende des 13. Jahrhunderts durch die Osmanen.

Die Osmanen besetzten das, was vom byzantinischen Reich in Kleinasien übriggeblieben war, stückweise und eroberten schließlich im Jahr 1453 sogar Konstantinopel. Sie schlugen die Mamluken und nahmen 1517 Kairo/Ägypten ein. Sie drangen vom 13. bis zum 17. Jahrhundert in Ost- und Mitteleuropa ein und bemühten sich um die völlige Beherrschung des Mittelmeerraumes. Ihr Vormarsch wurde durch die Niederlage ihrer Flotte (Lepanto 1571) und etwa hundert Jahre später durch die verlorene Schlacht bei St. Gotthard an der Raab (1664) gestoppt. Als sie an den Mauern Wiens immer wieder zurückgeschlagen wurden, zogen sie sich allmählich von Mitteleuropa zurück.

Zum Osten hin dehnte sich das islamische Gebiet weiter aus: in Indonesien (14.–15. Jh.), in Indien durch die Dynastie der Groß-Moguln (1524–1757).

Das islamische Reich hat aber nicht nur Ausdehnung, sondern

auch Schrumpfung erfahren, vor allem durch die christliche Reconquista, die Wiedereroberung Spaniens, die mit dem Fall Granadas 1492 abgeschlossen und mit der Eroberung von Teilen Nordafrikas 1497 fortgesetzt wurde. Im 19. Jahrhundert wurden die meisten islamischen Länder vom Westen zu Kolonien gemacht. Auch das Osmanenreich wurde nach dem Ersten Weltkrieg auseinandergerissen: Nur die Türkei in ihren heutigen Grenzen blieb vom großen Reich übrig.

Heute haben die islamischen Länder ihre Unabhängigkeit wiedererlangt. Einige von ihnen haben dank des Ölsegens einen ungeahnten Aufschwung erfahren und sind dabei, die heute erstarkte Erweckungsbewegung noch weiter zu festigen und überallhin zu bringen, wo muslimische Mehrheiten über die Geschicke ihres Landes bestimmen können. Wo die Muslime nur eine Minderheit bilden, erfahren sie eine sehr starke Unterstützung von diesen reichen Ölländern.

## *Die Muslime in der Welt heute*

Nach den Zahlen und Schätzungen von 1977[1] zählen die Muslime heute über 720 Millionen. Ihre überwiegende Mehrheit befindet sich in einem breiten Landgürtel, der sich von Nordafrika und dem Senegal und Ghana im Süden bis China und Indonesien hin erstreckt.

Der arabische Islam, der die engsten Bindungen an die Ursprünge dieser Weltreligion hat, ist heute in jeweils leicht unterschiedlicher Gestalt in folgenden Ländern anzutreffen: Im Vorderen Orient sind es der Irak (11,210 Millionen = 95% der Gesamtbevölkerung des Landes), Syrien (6,786, 87%), der Libanon (1,428, 51%), Jordanien (2,679, 93%), Israel (0,288, 8%), Saudi-Arabien (7,220, 95%), der Nordjemen (5,544, 99%), die Volksrepublik Südjemen (1,620, 90%), die übrigen Emirate auf der Arabischen Halbinsel über 2 Millionen. – In Afrika gehören folgende Länder zu den arabischen Staaten: Ägypten (35,400, 91%), der Sudan (11,736, 72%), Somalia (3,366, 99%), Libyen (2,646, 98%), Tunesien (5,520, 92%), Algerien (17,266, 97%), Marokko (17,585, 95%) und Mauretanien (1,344, 96%).

[1] Vgl. R. V. Weekes (Hrsg.), Muslim Peoples. A World Ethnographic Survey, Westport/Connecticut, USA 1978.

Im Vorderen und Mittleren Orient gehören zu den islamischen Staaten weiterhin die Türkei (41,062, 98%) und der Iran mit einer überwiegenden Mehrheit von Shīʿiten (Muslime insgesamt 34,104, 98%).

Weiter zum Osten hin sind noch zu erwähnen: Afghanistan (14,355, 99%), Pakistan (72,265, 97%), Indien (69,805, 11,21%), Bangladesh (70,805, 85%), Malaysia (5,544, 55%), Indonesien (123,210, 90%), die Philippinen (2,348, 5%), Taiwan (40000).

In den kommunistischen Ländern findet man bedeutende Gruppen von Muslimen. In der Sowjetunion leben 40,311 Millionen (15,364%), in China ca. 50 Millionen (ca. 4%), in Jugoslawien 4,142 Millionen (19%), in Albanien 1,750 Millionen (70%) und in den übrigen kommunistisch regierten Balkanländern etwa eine Million.

In Schwarzafrika beträgt die Zahl der Muslime etwa 75 Millionen. Die wichtigsten Länder sind von West nach Ost folgende: der Senegal (4,396, 82,6%), Guinea (3,055, 65%), Mali (3,540, 60%), Obervolta (1,408, 22%), Ghana (1,976, 10%), Nigeria (31,302, 47%), Tschad (2,100, 50%), Äthiopien (11,760, 40%) und Tansania (3,840, 24%).

Schätzungsweise beträgt die Zahl der Muslime in Nordamerika etwa drei Millionen und in Südamerika etwa 17 Millionen (6,7%).

In Westeuropa leben muslimische Einwanderer und Arbeitnehmer sowie ein beachtliches Kontingent an Studenten, Praktikanten und Kaufleuten. Im einzelnen werden folgende Zahlen angegeben: Österreich: 45000 ausländische Muslime und 5000 eigene Bürger; Bundesrepublik Deutschland: über 1,5 Millionen; Holland: 150000; Belgien: 123000; Frankreich zwei Millionen; Großbritannien: eine Million; Schweiz: 25200; Italien: 150000; Spanien: 87000; Dänemark: etwa 10000; Schweden: etwa 8000; Norwegen: 8000.

### *Die Muslime in der Bundesrepublik Deutschland*

In der CIBEDO-Dokumentation 1 „Die Präsenz des Islams in der Bundesrepublik Deutschland“, Oktober 1978, S. 12–13, gibt M. S. Abdullah folgende nach dem Ursprungsland geordneten Zahlen der Muslime an: Ägypten: 6962; Äthiopien: 520; Afghanistan: 1674; Algerien: 4180; Deutschland: 1200; Indien: 2400;

Indonesien: 8000; Irak: 2145; Iran (Persien): 18359; Jemen: 200; Jordanien: 13135; Jugoslawien: 120000; Libyen: 616; Marokko: 25671; Pakistan: 6776; Saudi-Arabien: 382; Schwarzafrika: 3000; Sowjetunion (UdSSR): 2000; Syrien: 6228; Türkei: 1118000; Tunesien: 17583; – Flüchtlinge aus kommunistischen Ländern: 3500; – Illegale, vornehmlich Türken: 75000. Insgesamt also: 1437801.

Von diesen Muslimen zählen die Sunniten 1420000 und die Shīʿiten etwa 18000.

Die Probleme der Muslime in der Bundesrepublik sind die Probleme ihrer Glaubensbrüder in der Industriegesellschaft der Diaspora. Die Studenten und Praktikanten entfernen sich schnell von den Traditionen ihrer jeweiligen Länder und werden religiös gleichgültig. Ihr Interesse richtet sich vorwiegend auf die Politik, sie beschäftigen sich mit links- oder rechtsgerichteten Ideologien, die ihnen als Mittel erscheinen, die politischen Verhältnisse in ihrem Ursprungsland zu verändern bzw. umzustürzen. Die Arbeitnehmer, die ja die überwältigende Mehrheit bilden, haben vor allem mit folgenden Problemen zu ringen: soziales Sprachhindernis (Leben, Arbeit, Verwaltung, Einschulung der Kinder), komplexer Mechanismus der Verwaltung, Kulturschock in Kontakt mit der anonymen industriellen Zivilisation, Zurückhaltung der Gesellschaft in bezug auf die Fremden, Gettogefahr, Skandal der permissiven Gesellschaft in den Augen bislang traditionsgebundener Menschen, Anerkennung ihrer Rechte als einzelne und als Gemeinde, vor allem als Körperschaft des öffentlichen Rechts, damit verbunden Problem der Integration in der deutschen Gesellschaft jedoch ohne eine totale Assimilation, die ihre eigene Identität gefährden könnte. Gerade die Sorge um die eigene Identität, die mit der islamischen Religion aufs engste verbunden ist, treibt die Muslime in der Bundesrepublik zu politischen Aktivitäten, die extremistischen Richtungen ähneln oder sie gerade fördern, oder zu religiös inspirierten Initiativen, die sie manchmal dem Unverständnis der Deutschen aussetzt: Man denke hier an den Fragenkomplex der sogenannten Korankurse (siehe dazu: M. S. Abdullah, „Weshalb Koranschule?“, CIBEDO-Dokumentation 3, Juni 1979).

2. KAPITEL

# Gott spricht

„Viele Male und auf vielerlei Weise hat Gott einst zu den Vätern gesprochen durch die Propheten“, das sagt der Hebräerbrief (1,1). Auch der Muslim glaubt, daß Gott zu den Menschen gesprochen hat an vielen Orten der Erde, bei den verschiedenen Völkern und in den verschiedenen Epochen ihrer Geschichte. Vor allem, so sagt der Koran, hat Gott zu den Menschen durch Abraham, Mose und Jesus gesprochen. Zuletzt sprach er durch den Propheten Muḥammad und gab den Menschen den Koran. Der Koran versteht sich als direktes Wort Gottes zur Bestätigung und Ergänzung der Tora und des Evangeliums und stellt sich somit in Kontinuität mit der biblischen Tradition.

Das Wort Gottes enthält für den gläubigen Muslim Glaubenswahrheiten, es verkündet die sittlichen Normen, die Gott in seinem souveränen Willen festgesetzt hat, und schreibt eine Lebensordnung vor, die den einzelnen, die Familie, die Gemeinschaft verpflichtet und sich auf alle Bereiche des Lebens bezieht. Somit zeigt das Wort Gottes den Menschen den geraden Weg und bringt ihnen die rechte Leitung in religiösen, sozialen und politischen Fragen.

Weil das Wort Gottes in der Predigt und im Gebet öffentlich vorgetragen werden soll, wurde die Sammlung der verschiedenen Offenbarungsmitteilungen an Muḥammad Koran genannt. Koran ist die verdeutschte Form des arabischen Wortes Qur'ān, von qara'a: lesen, vortragen. Die erste Aufforderung, die an Muḥammad ergangen ist, lautet: „Lies!“ (Koran 96,1).

## *Der Koran*

Der Koran ist nicht auf einmal verkündet worden. Er beschäftigt sich auch nicht in systematischer Weise mit religiösen und sozialen Fragen. Er wurde im Laufe der Tage vorgetragen und enthält

Predigten, Ermahnungen, Prophetengeschichten, Auseinandersetzungen mit Ungläubigen und mit Juden und Christen. Er verkündet auch Antworten und gibt Verordnungen bekannt, die anläßlich bestimmter Fragen und konkreter Verhältnisse oder Situationen notwendig geworden sind.

Zu Lebzeiten Muḥammads pflegten seine Begleiter, die verkündeten Worte sorgfältig zu behalten oder auch nach Möglichkeit schriftlich festzuhalten. Der so niedergeschriebene Koran diente auch zur Gestaltung der Pflichtgebete. Nach dem Tod des Propheten bemühte man sich, die Offenbarung vor Vergessenheit, Verunstaltung und Verfälschung zu wahren. Die erste Ausgabe des Korans unter dem Khalifen Abū Bakr (632–634) ist das Werk von Zayd, einem früheren Sklaven, den Muḥammad befreit und zu seinem Adoptivsohn gemacht hatte. Da jedoch verschiedene Lesarten unter den Muslimen Streitigkeiten verursachten, wurde unter ʿUthmān (644–656) derselbe Zayd mit der Erstellung einer Ausgabe mit einem verbindlichen Wortlaut der verschiedenen Texte beauftragt.

Von dieser bereinigten, offiziellen Ausgabe erhielten die Hauptzentren des Reiches in Arabien, Syrien und dem Irak jeweils eine Abschrift. Bekanntlich hat die arabische Schrift keine ausgeschriebenen Vokale. Um auch hier Irrtümern und verschiedenen, den Sinn entstellenden Vokalisierungen entgegenzuwirken, wurde endlich im Irak unter den Umayyaden eine mit Zeichen voll vokalisierte Ausgabe angefertigt. Diese letzte Version ist die Grundlage der heute in Gebrauch befindlichen Version des Korans. Trotz der Vorbehalte, die die Entstehung der schriftlichen Ausgabe des Korans hervorrufen kann, geht man heute davon aus, daß das, was der Text enthält, tatsächlich von Muḥammad verkündet wurde.

Der Koran umfaßt 114 Kapitel, Suren genannt (von Sūra = Abschnitt), die jeweils in Verse oder Āyāt (Einzahl: Āya) aufgeteilt sind. Die Suren sind nicht nach ihrer chronologischen Entstehung geordnet. Die ersten Suren sind zwar im allgemeinen länger als die letzten, aber die Länge gibt kein strenges Ordnungsprinzip für die Suren ab. Die gesetzlichen Bestimmungen der ersten Suren des Korans schienen vielleicht für den Alltag der Gemeinschaft so wichtig, daß man sie an den Anfang stellte. Der jetzige Text des Korans gibt aber an, aus welcher Periode des Wirkens Muḥammads, aus Mekka oder Medina, jede Sure stammt. Aufgrund dieser Angaben und ausgehend von der Analyse des Inhalts der Suren, versuchten die Orientalisten, eine chronologisch geordnete Liste der Suren zu erstellen[2].

Die Suren tragen einen Titel, der im allgemeinen an einen Teil des Inhalts erinnert oder ein Wort aus dem Text wiedergibt. Sie werden mit der Anrufung des Namens Gottes eingeleitet (basmala): „Im Namen Gottes des barmherzigen, des Gütigen." Nur die Sure 9 macht hier eine Ausnahme, vielleicht weil sie Bestimmungen zum Kampf gegen die Nicht-Muslime erläßt, die eher den Zorn als die Barmherzigkeit und Güte Gottes zum Ausdruck bringen.

Aber gleichgültig, ob er den Zorn oder – wie in den meisten Suren – die Barmherzigkeit Gottes ausdrückt, der Koran ist für den Muslim das Wort Gottes, das er durch den Engel Gabriel dem Muḥammad übermitteln ließ (42,52; 2,27), und zwar als eine Abschrift des himmlischen Urbuches (56,77–80; 85,21–22; 43,4) in arabischer Sprache (43,2–4; 20,113; 26,195...), damit er es den Arabern und über die Grenzen Arabiens hinaus allen Menschen verkünde. Das Wort Gottes bringt den Menschen den wahren Glauben und die rechte Leitung. Es beansprucht eine absolute Autorität, die nicht mehr hinterfragbar ist, und fordert von den Gläubigen einen unbedingten Gehorsam. Und der Mensch tut gut daran, sich dem Willen Gottes hinzugeben (islām) und auf sein Wort zu hören; denn von sich aus ist er nicht imstande, die Wahrheit zu finden und den rechten Weg zu gehen: „Wir hätten unmöglich die Rechtleitung gefunden, wenn nicht Gott uns rechtgeleitet hätte..."[3] (7,43). Gott weiß besser als der Mensch, was zweckmäßig, nützlich und für die Menschen gut ist: „Dieser Koran leitet zu dem, was richtiger ist" (17,9), lautet eine Devise der islamischen Erweckungsbewegung in unseren Tagen. Denn der Koran, wie er sich selbst bezeichnet, ist „Rechtleitung und Barmherzigkeit für Leute, die glauben" (16,64; vgl. 21,107). Was in den früheren Offenbarungen, auch in der Tora und im Evangelium, an strittigen Fragen keine vollständige Klärung erfahren hat, wird im Koran, soweit Gott es

---

[2] Vgl. dazu Th. Nöldeke / F. Schwally, Geschichte des Qorans, 3 Bde, Leipzig 1909, 1919, 1938 (Neuauflage 1961); Régis Blachère, Introduction au Coran, Paris [2]1958; derselbe, Le Coran (Übersetzung der chronologisch geordneten Suren), 2 Bde, Paris 1949, 1951.

[3] Die Zitate aus dem Koran folgen im allgemeinen der Übersetzung von R. Paret, Der Koran, Stuttgart 1966; Werkausgabe 1979.

will, erläutert und klargestellt (vgl. 16,64; 27,76–77; 4,26). Vor allem in den gesetzlichen Bestimmungen bringt der Koran als Gnadenerweis Gottes manche Erleichterungen. Dies gilt in bezug auf die rituellen Waschungen vor dem Gebet (4,26; 5,6) und in bezug auf verschiedene Erschwernisse, die früher auf den Juden lasteten (7,157). Die allgemeine Tendenz des koranischen Gesetzes wird in folgenden Versen beschrieben:

*4,27–28*

Gott will sich euch gnädig wieder zuwenden ... Gott will euch Erleichterung gewähren. Der Mensch ist ja von Natur schwach.

*22,78*

Gott hat euch erwählt. Und er hat euch in der Religion nichts auferlegt, was euch bedrückt.

Der gläubige Muslim, der den Koran als wörtliche Offenbarung Gottes betrachtet, bringt ihm die größte Ehrfurcht entgegen. Seine Worte sind für ihn unfehlbare und absolut verbindliche Bestimmungen. Er hört auf dieses Wort, wenn es feierlich rezitiert wird, mit Andacht und Hingabe, aber auch mit Faszination und großer Begeisterung. Die Unnachahmlichkeit seiner Sprache und sein erhebender Inhalt gelten als das überzeugendste Beglaubigungswunder zur Bestätigung der Echtheit der prophetischen Sendung Muḥammads. Denn der Koran selbst fordert die Zweifler und Ungläubigen heraus, eine ähnliche Offenbarung beizubringen (17,88; vgl. 52,34). Nicht einmal zehn Suren können sie beibringen (11,13–14), und auch nicht eine einzige Sure (10,38; 2,23). Denn die Geschöpfe können doch nicht das zustande bringen, was ein Werk Gottes ist. Der Koran stellt abschließend fest:

*10,37*

Dieser Koran kann doch nicht so einfach ohne (die Offenbarung) Gottes ausgeheckt werden. (Er ist) vielmehr eine Bestätigung dessen, was vor ihm da war. Er setzt die Schrift, an der nicht zu zweifeln ist, (im einzelnen) auseinander (und kommt) vom Herrn der Menschen in aller Welt.

Der Koran ist von Gott, er ist absolut zuverlässig und absolut verbindlich. Der Muslim beruft sich gern auf ihn in den verschiedenen Situationen des Lebens. Er findet in ihm Ermahnung, Belehrung und praktische Hinweise. Der Koran ist aber in erster Linie die Hauptquelle des Glaubens und die letzte Instanz in der Feststellung der gesetzlichen Bestimmungen. Mit dem Licht der

Offenbarung leitet „Gott diejenigen, die seinem Wohlgefallen folgen, die Wege des Friedens, und bringt sie – mit seiner Erlaubnis – aus der Finsternis heraus ins Licht und führt sie auf einen geraden Weg“ (5,15). Der Koran ist somit die Grundlage der Urteilsbildung in den verschiedenen Situationen des Lebens, er bringt Einsicht in ihren Sinn und ihren Bezug zum Willen Gottes und erlaubt dem Gläubigen, die Wahrheit und den Wert der Dinge zu erkennen. Der Koran ist zudem eine Hilfe zur richtigen Entscheidung. Die Einsicht soll zur richtigen Entscheidung führen, und das Licht des Korans bringt die absolute Norm des praktischen Handelns, er führt den Willen des Menschen dazu, das Rechte zu wünschen und zu beschließen. Endlich ist der Koran im Zweifelsfall oder bei Streitigkeiten und Meinungsverschiedenheiten die letzte Instanz, die man als Schiedsrichter angehen kann. Damit ist die koranische Offenbarung der Weg, den Gott für die Menschen bestimmt hat. Die Befolgung ihrer detaillierten und ins einzelne gehenden Bestimmungen (vgl. 7,32; 16,89; 9,11...) bringt den Gläubigen Sicherheit und Zuversicht (vgl. 57,28) und schließt sie in einer unverbrüchlichen Einheit zusammen.

Einige Muslime, vor allem durch die Tradition der Apologeten des 19. und 20. Jahrhunderts getrieben, wollen im Koran auch die Summe aller wissenschaftlichen Erkenntnisse und aller technischen Errungenschaften aller Zeiten wenigstens vorgezeichnet sehen. Diese ebenso übertriebene wie überflüssige Auffassung gründet auf einer überzogenen Deutung des Verses: „Wir haben in der Schrift nichts übergangen...“ (6,38). Die Frage ist nur, ob es dem Anliegen des Korans selbst nicht eher entspricht, die religiösen Fragen und die menschlichen Anliegen in Familie und Gesellschaft als die eigentlichen Themen des Korans zu betrachten.

Die muslimischen Gelehrten haben sich seit den Anfängen bemüht, den Inhalt der koranischen Offenbarung darzulegen. Im Laufe der Zeit entstand das Bedürfnis, die traditionelle Auslegung des Korans schriftlich zu fixieren und sie mit Hilfe verschiedener Sprachbelege aus dem Erbe des vorislamischen Arabien zu interpretieren. Dazu kam die Bemühung, dunkel und unverständlich gewordene Stellen aufgrund der Umstände zu erläutern, die als Anlaß für die Herabsendung der Offenbarung galten. Später wurde die theologische Bedeutung vieler Koranstellen besonders berücksichtigt, und zu einer eher philosophischen und rechtsrelevanten Auslegung gesellte sich eine theologieorientierte Exegese.

Zu den bedeutendsten Kommentaren zählen vor allem der von al-Ṭabarī (839–923), der von Fakhr al-Dīn al-Rāzī (starb 1210) und der von Muḥammad ʿAbduh (1848–1905) und seinem Schüler Rashīd Riḍā (starb 1935), der durch die Zeitschrift al-Manār veröffentlicht wurde.

Der bekannteste shīʿitische Kommentar ist der von Ṭabarsī (13. Jh.). In den mystischen Kreisen findet der Kommentar von Ibn al-ʿArabī Beachtung.

## *Der Weg des Propheten*

Der Weg Gottes im Koran wird den gläubigen Muslimen durch den Propheten verkündet und als verbindlich erklärt. Der Koran enthält Hinweise darauf, daß der Prophet Muḥammad der richtige Interpret der Offenbarung und der Bevollmächtigte Gottes ist. Die Muslime werden aufgefordert, dem Propheten zu folgen und seine Führung anzunehmen (26,216; 14,44 ...). Sie sollen ihm gehorchen: „Gehorchet Gott und dem Gesandten" (3,132; 8,1.14 ...), „Gehorchet dem Gesandten" (24,56; 58,8), denn, „wenn einer dem Gesandten gehorcht, gehorcht er Gott" (4,80). Muḥammad ist also ein von Gott eingesetzter Führer der Gläubigen und ein von ihm bevollmächtigter Schiedsrichter. Der Gläubige darf sich Gott und dem Propheten nicht entzweien und von ihnen trennen (72,23; 8,13; 4,115; 59,4). Die Gegenwart Muḥammad in der Gemeinde und seine praktische Interpretation der Offenbarung ist eine Garantie für die Wahrheit des Glaubens und vor allem für die Richtigkeit des Handelns. Er ist in seinem eigenen Verhalten das Vorbild der Gemeinschaft (vgl. 33,21).

Nach ihrer praktischen Seite bedeutet die Pflicht, sich in den Willen Gottes zu ergeben, den Bestimmungen des Korans zu folgen, wie sie im Verhalten des Propheten zum Ausdruck kommen. Der Weg Gottes wird im Weg des Propheten (sunna) konkret erkannt. Seine Lebensweise, sein Verhalten, seine Äußerungen und Sprüche, welche Erläuterungen, Verordnungen, Billigung und Tadel beinhalten, all das bildet eine zweite Hauptquelle der islamischen Religion. Die Berichte darüber und die Wiedergabe seiner Sprüche finden sich in den umfangreichen Sammlungen der Überlieferung, Ḥadīth = Bericht genannt.

Der Ḥadīth wurde mit der Zeit um so lebenswichtiger, als die Gemeinde größer wurde und immer wieder neue Fragen sich stellten, die nicht immer direkt im Koran eine Lösung fanden. Da jedoch die Berichte, die man von Muḥammad erzählte, immer mehr ins Uferlose zu gehen drohten und immer mehr Theologen und Rechtsgelehrte sich auf bekannte, vermeintliche oder gar erfundene Traditionen beriefen, um ihre eigene Meinung durchzusetzen, stellte sich die dringende Notwendigkeit ein, die echten Berichte zu sammeln und damit die Autorität der Überlieferung zu retten.

Die Aufgabe war schwierig. Die Reflexion über die Arbeitsmethode der Traditionssammler führte zur Feststellung von Kriterien zur Unterscheidung zwischen den zuverlässigen und unzuverlässigen Gewährsmännern und zwischen den echten und falschen überlieferten Berichten. So wurden die unzähligen Berichte untersucht. Viele wurden als unecht verworfen. Die anderen wurden in drei Kategorien eingeteilt: 1. die echten Berichte (ṣaḥīḥ); 2. die schönen, die nicht einwandfrei zuverlässig sind, aber dem Geist des Islams wohl entsprechen und daher zur Erbauung und zur Förderung des Glaubens und der religiösen Treue gebraucht werden können; 3. die schwachen, die man nicht bedenkenlos übernehmen darf.

Unter den wichtigsten Traditionssammlungen, die als Ṣaḥīḥ (echt) bezeichnet werden, seien nur die von al-Bukhārī (810–870) und Muslim (817/821–875) und der Musnad (= mit Liste der Gewährsmänner versehen) des Ibn Ḥanbal (780–855) erwähnt.

## *Islamische Theologie. Rechtsschulen des orthodoxen Islams*

Der Glaube, die sittlichen Normen, die religiösen Pflichten und die rechtlichen Bestimmungen beruhen auf dem Koran und dem Weg des Propheten Muḥammad (sunna). Die Ausarbeitung der Glaubenslehren und des Gesetzes führte zu Meinungsverschiedenheiten und damit zur Bildung verschiedener Schulen in Theologie und Rechtslehre.

Die Traditionalisten der ersten Zeiten fanden eine Bestätigung und Weiterführung in Aḥmad Ibn Ḥanbal (780–855) und seinen Schülern. Für sie gelten der Koran und die Sunna des Propheten als die einzigen maßgeblichen Quellen in Lehr- und Rechtsfragen. Jede Abweichung von ihnen wird als Neuerung verurteilt.

Der Gebrauch der menschlichen Vernunft ist dann überflüssig, ja verdächtig und unzulässig.

Gerade für den Gebrauch der menschlichen Vernunft, die ja als Geschenk Gottes zu betrachten ist, treten die Muʿtaziliten ein, deren Lehre unter dem ʿAbbāsiden-Khalif al-Ma'mūn im Jahre 817 zur offiziellen Lehre des Reiches erhoben wurde. Al-Mutawakkil setzte diesem theologischen Zwischenspiel im Jahre 849 ein Ende.

Die Orthodoxie des Islams fand ihre Verfechter durch die Jahrhunderte hindurch bis in die neue Zeit hinein in al-Ashʿarī (873–935) und seinen Schülern. Für die Ashʿariten bleiben Koran und Tradition die unbedingten und unangefochteten Quellen des Glaubens und des Gesetzes. Zur Feststellung der echten Tradition, zur Vermeidung der Beliebigkeit in der Interpretation und zur Beweisführung gegen die Ungläubigen muß jedoch die Vernunft als Kontrollinstanz und Instrument der logischen Argumentation herangezogen werden.

Heute ist noch keine besondere theologische Schule erkennbar. Die Erstarkung der Traditonalisten im Zuge der Erwekkungsbewegung im heutigen Islam darf nicht darüber hinwegtäuschen, daß aufgeschlossene Gelehrte dabei sind, Methoden und Grundsätze der modernen exegetischen und theologischen Arbeit zu übernehmen. Sie bleiben noch eine kleine Minderheit, und ihre Bemühungen finden in der islamischen Welt keine besondere Begeisterung, ja eher Zurückhaltung. Aber die methodologische Diskussion hat angesetzt, und es ist zu hoffen, daß die islamische Theologie den Anschluß an die moderne Wissenschaft rasch und ohne allzu große Erschütterungen findet.

Was die Verordnungen und Bestimmungen des Gesetzes anbelangt, so wurden große Anstrengungen gemacht, um aus dem Koran und der Tradition die geltenden Regeln des praktischen Lebens herauszuarbeiten und passende Antworten auf neu auftretende Fragen zu gewinnen. Hilfreich dabei war die Anwendung der Methode der Analogie (qiyās), die von den im Koran und in der Tradition vorgekommenen Präzedenzfällen oder von bekannten ähnlichen Situationen auf den vorliegenden Fall schließen läßt. Festgestellte Lösungen gewinnen erst ihre Verbindlichkeit und besitzen eine Art Garantie ihrer Richtigkeit, wenn sie auf der übereinstimmenden Meinung der Gemeinschaft gründen. Die Rechtsgelehrten leiten aus dem Koran selbst die Rechtfertigung der Übereinstimmung (idjmāʿ) als Garantie der

Wahrheit einer Lehre und der Richtigkeit einer Lösung in Rechtsfragen her: „Wenn aber einer gegen den Gesandten Opposition treibt, nachdem ihm die Rechtleitung (durch den Islam) klar geworden ist, und einem anderen Weg folgt als dem der Gläubigen, geben wir ihm da Anschluß, wo er Anschluß gesucht hat, und lassen ihn in der Hölle schmoren – ein schlimmes Ende" (4, 115). Auch verschiedene Sprüche des Propheten Muḥammad bestätigen das. Er habe unter anderem gesagt: „Niemals wird meine Gemeinde in einem Irrtum übereinstimmen." Auch wenn es schwierig erscheint, diese Übereinstimmung festzustellen und genau zu definieren, unter welchen Umständen sie überhaupt zustande kommt, so ist das Festhalten an diesem Prinzip der Wahrheits- und Rechtsfindung von großem Vorteil. Es ermöglicht neue Lösungen, die sich im Laufe der Zeit als notwendig erweisen, ohne dadurch die Einheit der islamischen Gemeinschaft zu gefährden.

Wo Analogie und Übereinstimmung der Gemeinschaft nicht weiterhelfen, da darf sich der Rechtsgelehrte aufgrund seines rechten Glaubens und seines Fachwissens ein eigenes Urteil bilden. Die von ihm vorgeschlagene Lösung ist dann das Ergebnis seiner persönlichen Bemühung (idjtihād).

Unter den ʿAbbāsiden bildeten sich bzw. wurden verschiedene Rechtsschulen ausgebaut, deren Autorität bis in unsere Tage hinein unwidersprochen geblieben ist. Ihre Unterschiede rühren daher, daß sie bei der Behandlung des Korans und der Tradition die oben beschriebenen Grundsätze verschieden bewerten und zur Anwendung bringen. Der sunnitische Islam, der die überwältigende Mehrheit der Muslime umfaßt, erkennt vier Rechtsschulen als orthodox und legitim an:

1. Die Schule der Ḥanafiten, die vom Perser Abū Ḥanīfa (699–767) im Irak gegründet wurde. Sie wird heute von den Türken, im Vorderen Orient, der damals von den Osmanen beherrscht war (Syrien, Libanon, Jordanien, Sunniten des Irak, Minderheiten in Ägypten und Tunesien), und in den östlichen islamischen Gebieten: Afghanistan, Pakistan, Indien, China und Zentralasien befolgt. Diese Schule gilt als besonders liberal und räumt dem Verstand und der eigenen Bemühung des Rechtsgelehrten eine ziemlich große Bedeutung ein.

2. Die Schule der Mālikiten geht auf Mālik Ibn Anas (715–795) aus Medina zurück. Wichtig für sie ist das Modell der islamischen Frühgemeinde in Medina zur Zeit des Propheten Muḥammad

und der ersten Khalifen. Sie beachten in besonderer Weise die Übereinstimmung der Gemeinschaft und das Gewohnheitsrecht. Diese konservative Schule herrscht in Oberägypten, dem Sudan, in Nordafrika (vor allem Marokko) vor. Unter dem Einfluß dieser Länder hat sie Eingang in Schwarzafrika gefunden.

3. Die Schule der Shāfiʿiten wurde von Shāfiʿī (767–820) aus Mekka gegründet. Sie betont nicht nur die Tradition, sondern auch die Übereinstimmung der Gemeinschaft und nimmt dadurch eine Mittelstellung zwischen den beiden erstgenannten Schulen ein. Ihr folgen Muslime in Unterägypten, im Ḥidjāz/Arabien, sowie in Ostafrika, Malaysia, Indonesien und auf den Philippinen.

4. Die Schule der Ḥanbaliten, die sich auf Aḥmad Ibn Ḥanbal (780–855) berufen, betont die alleinige Verbindlichkeit des Korans und der Tradition und erkennt keine andere Grundlage zur Feststellung der rechtlichen Bestimmungen an. Das einzig gültige praktische Modell ist die Ordnung der Gemeinde unter dem Propheten Muḥammad. Der Ḥanbalismus ist die offizielle Rechtsschule Saudi-Arabiens. Sie gewinnt dort an Einfluß, wo die muslimischen Gemeinden Unterstützung und Förderung durch Saudi-Arabien erfahren. Sie bildet auch die Grundlage der traditionalistischen Bewegungen, die heute die neue Renaissance des Islams beherrschen.

### *Gruppen und Sekten des Islams*

Die erste Spaltung im Islam erfolgte aufgrund der Auseinandersetzung und des Vergleichs zwischen dem Khalifen ʿAlī und seinem Kontrahenten Muʿāwiya, der zunächst Statthalter in Syrien war und dann erster Khalif der Umayyaden-Dynastie wurde (s. o. S. 13–14).

Die Mehrheit der Muslime erkannte schließlich die Regierung der Umayyaden an und trat immer wieder für die Stabilität des Staates ein. Daher verlangten sie vom Khalifen keine besonderen religiösen Tugenden und keine hervorragenden moralischen Qualitäten. Der Khalif sollte aus dem Stamm des Propheten Muḥammad herkommen und in der Lage sein, die Gemeinde nach Recht und Gerechtigkeit zu führen. Diese Gruppe wird die Sunniten genannt. Sie stellen die unvergleichbar große Mehrheit der Muslime in der Welt dar.

Die Khāridjiten, die sich damals von ʿAlī und Muʿāwiya gleichermaßen entfernt haben, fordern, daß die Führung der Gemeinschaft vom besten, würdigsten und frömmsten Gläubigen übernommen wird. Alle anderen Gesichtspunkte spielen bei der Wahl des Khalifen keine Rolle. Die Khāridjiten zählen heute über eine Million und leben hauptsächlich in Masqat/Arabien und in Nordafrika, unter anderem auf der Insel Djerba/Tunesien. Sie werden auch als Ibāḍiten bezeichnet.

Die Anhänger ʿAlīs sind die Shīʿiten. Sie fordern, daß der Khalif blutsverwandt mit dem Propheten sein muß. Seine Rolle bei der Führung der Gemeinschaft ist zwar politisch relevant, sie ist aber vor allem ein religiöses Amt. Der Leiter der Gemeinschaft ist ihr Vordermann in jeder Hinsicht, ihr Imām, der Nachfolger ʿAlīs, der seine hervorragenden Qualitäten nachahmt und seine besonderen religiösen Kenntnisse erhält. Somit avanciert der Imām zum praktisch unfehlbaren Führer der Gläubigen.

Die zahlenmäßig wichtigste Gruppe der Shīʿiten bilden die Imāmiten. Diese gehen davon aus, daß nur zwölf Imāme als rechtmäßig anzuerkennen sind, daher auch ihre Bezeichnung Zwölfer-Shīʿa. Der zwölfte Imām, so die Lehre dieser Gruppe, wurde von dieser Erde entrückt und lebt in einer großen Verborgenheit seit 940. Er ist der erwartete Mahdī, der in der Endzeit das Reich Gottes wiedererrichten wird. Die Imāmiten zählen heute um 45 Millionen und leben vor allem im Iran, im Südirak, im Libanon, in Afghanistan und in Pakistan.

Dem orthodoxen Sunnismus nahe stehen die über 4 Millionen Zayditen des Jemen, die vor der Ausrufung der Republik 1970 einem sichtbaren Imām folgten.

Vom Shīʿismus stammen verschiedene Sekten[4]: die Drusen, deren Geheimlehre nur einigen Eingeweihten zugänglich ist und die im Libanon, Südsyrien und Galiläa leben (etwa 3 Millionen); – die Ismāʿīliten, die eine esoterische, synkretistische Lehre entwickelt haben; sie sind in Zentralsyrien, im Nordjemen, an den Ostküsten Afrikas und in Westindien zu Hause und zählen über eine Million Anhänger; – die ʿAlawiten oder Nuṣayrī, die in Nordwestsyrien leben und über eine halbe Million zählen; ihre Lehre und ihr Kult bestehen aus islamischen, christlichen, aber auch altorientalischen Elementen; – der Bābismus, der im

[4] Aufschlußreiche Angaben zu den Drusen, den Nuṣayrī und anderen Sekten bei K. E. Müller, Kulturgeschichtliche Studien zur Genese pseudo-islamischer Sektengebilde in Vorderasien, Wiesbaden 1967.

19. Jahrhundert im Iran entstand; – der Bahā'ismus, der vom Perser Mīrzā Ḥusayn (1817–1892), Bahā'ullāh (Glanz Gottes), gegründet wurde und eine synkretistische Lehre mit universalistischen Ansprüchen vertritt.

Zum Schluß sei noch die Aḥmadiyya-Bewegung erwähnt, die, wenigstens in ihrer Qādiyānī-Richtung, von offiziellen Organen der islamischen Welt ausgeschlossen wurde und seitdem als nicht-islamisch bezeichnet wird. Die Aḥmadiyya wurde 1849 in Indien von Mīrzā Ghulām Aḥmad (1835–1908) gegründet und vertritt eine synkretistische Lehre eschatologischer Prägung.

3. KAPITEL

# Die Propheten verkünden

Muḥammad, der Verkünder des Islams, war vierzig Jahre alt, ein vielgereister, erfolgreicher und angesehener Kaufmann, als er tiefe, erschütternde Erfahrungen machte, die ihn schließlich dazu führten, als Prophet aufzutreten und seine Landsleute zur Umkehr und zu einem konsequent gelebten Glauben aufzurufen. Mit dieser Sendung stand er, so sein eigenes Selbstverständnis, in Kontinuität mit der langen Geschichte der Propheten, die den Menschen zu allen Zeiten und an jedem Ort den Willen Gottes verkündet hatten.

## *Muḥammad, der Verkünder des Islams*

Muḥammad ist um 570 nach Christus in Mekka/Arabien geboren. Sein Stamm hieß Quraysh, seine Sippe die Hāshimiten, sein Vater ʿAbd-Allāh. Sein Vater starb früh. Das Kind wuchs, obwohl es in einer Stadt geboren war, getragen von der Struktur der Stammesgesellschaft auf und umgeben von den Gebräuchen und Sitten der Stammestradition Altarabiens. Muḥammad wurde in seinen jüngsten Jahren einer Beduinenamme anvertraut. Als auch seine Mutter starb – der Knabe war erst sechs Jahre alt –, nahmen sich seiner zuerst sein Großvater, dann sein Onkel Abū Ṭālib, Vater des späteren Khalifen ʿAlī, an. Der Junge hütete in der Wüste die Herden, er begleitete auch manchmal seinen Onkel auf der Reise mit den Karawanen nach Syrien. Die islamische Tradition will, daß der zwölfjährige Muḥammad auf einer solchen Reise einem christlichen Mönch aufgefallen war, der auf seinen Schultern die Zeichen seiner späteren prophetischen Sendung feststellte[5].

---

[5] Die islamische Biographie Muḥammads enthält viele Wundererzählungen, die sich auf die Empfängnis, die Geburt, die Kindheit und das weitere Leben

Mit 25 Jahren wurde Muḥammad Karawanenführer der reichen Witwe Khadīdja, die er auch heiratete. Von den Kindern, die aus dieser Liebesehe entstanden, blieb nur Fāṭima am Leben, die als Frau ʿAlīs zur Stammesmutter der Nachkommen Muḥammads wurde und damit eine besondere Stellung vor allem im Shīʿismus einnimmt. Der Koran bewertet die Heirat mit Khadīdja als einen göttlichen Gnadenerweis für Muḥammad (93,7.9). Als etablierter reicher Kaufmann gewann nun Muḥammad an Ansehen und Einfluß in der mekkanischen Gesellschaft.

Als er vierzig Jahre alt war, begann er, sich nach dem Sinn des Lebens in einer verfallenen Gesellschaft zu fragen, die den Armen keine Beachtung schenkte, sie gar ungerecht behandelte und bedenkenlos unterdrückte und die sich frohen Herzens der Befriedigung ihrer Gelüste hingab. Nach dem Muster der christlichen Einsiedler, die er auf seinen Geschäftsreisen traf, und nach dem Vorbild der einsamen Gottsucher, die es in seiner Umgebung gab, zog sich Muḥammad immer wieder in die Einsamkeit zurück. In einer Höhle am Lichtberg in der Nähe von Mekka widerfuhr ihm das, was der Koran und die islamische Tradition als seine Berufung zum Propheten interpretieren. Muḥammad wurde in einer Schlafvision von einem Engel (Gabriel) aufgefordert zu lesen, d. h. die Botschaft Gottes an die Menschen öffentlich vorzutragen (96,1–5).

Muḥammad kehrte tieferschüttert und entsetzt nach Hause zurück und grübelte, was dies alles zu bedeuten habe. Die Vision und die Berufung hörten eine Zeitlang auf, und Muḥammad versank in Verzweiflung, denn er fürchtete, das Opfer des Teufels zu sein. Endlich wiederholte sich die Vision und die Berufung: Muḥammad gewann nun die innere unerschütterliche Gewißheit, zum Propheten bestimmt zu sein.

Er trat in Mekka auf und begann, seine Landsleute zu ermahnen und vor dem bald hereinbrechenden Zorn und Gericht Gottes zu warnen. Sie sollten umkehren und ihren bösen Wandel ablegen. Sie sollten mit dem Glauben an Gott ernst machen. Denn er ist der einzige Schöpfer der Welt und der einzige Richter der Menschen. Neben ihm gibt es keine anderen Gottheiten und Mächte. Die Hauptinhalte der Predigt Muḥammads in dieser Pe-

---

Muḥammads beziehen. Wir werden sie in dieser Einführung nicht berücksichtigen. Siehe dazu T. Andrae, Die Person Muḥammads in Lehre und Glauben seiner Gemeinde, Stockholm 1918.

riode sind die Warnung vor dem nahen Gericht Gottes, der Aufruf zur Besserung des Wandels, die Reform des verdorbenen gesellschaftlichen Lebens und der Glaube an den einen, einzigen Gott.

Die Predigt des neuen Propheten und seine beunruhigenden Appelle gefielen den Mekkanern nicht. Denn er wandte sich gegen die traditionelle Religion der Stadt und des ganzen Landes und bedrohte direkt den polytheistischen Kult, der sich um ihr Heiligtum, die Kaʿba, konzentrierte und ihnen reiche Erträge einbrachte. Die neue Botschaft begünstigte die unteren Schichten der Gesellschaft und stellte somit subversiv die bestehende soziale Ordnung in Frage. Die Mekkaner forderten Muḥammad auf, von seiner Predigt abzulassen. Sie führten mit ihm heftige Auseinandersetzungen, bestritten seine Berechtigung zu solcher Verkündigung und verneinten die Echtheit seiner göttlichen Sendung[6]. Wenn er die Offenbarung im Schlaf und in schüttelnden Trancen bekommen habe, so sei er nur ein gemeiner Wahrsager (vgl. 52,29; 69,40.42–43), ein unter dem Einfluß seiner Dämonen stehender Dichter (52,30; 69,41; 36,69–70), ein Zauberer (38,4; 37,14–15), ein Besessener (25,8; 17,47; 23,70–71; 68,2), ja er sei sogar ein Werkzeug des Teufels (81,25; 26,210–212).

Muḥammad wies diese Vorwürfe immer wieder entschieden zurück und berief sich auf Gott, der ihm seine Botschaft übermitteln ließ mit dem Auftrag, sie den Menschen zu verkünden. Aber nein, erwiderten die Polytheisten, es ist nicht Gotteswort, sondern Menschenwort, was Muḥammad da vorträgt (25,4–6).

Wenn die Botschaft Muḥammads, so die Antwort des Korans, derjenigen der früheren Propheten ähnlich ist, so ist dies ein Beweis, daß auch Muḥammad ein Prophet wie sie ist. Die Polytheisten erwidern, daß er nur ein gewöhnlicher Mensch ist, der keine besondere Auszeichnung von seiten Gottes hat und keine Reichtümer und keine mächtige Stellung in der Gesellschaft. Die Antwort auf diese Einwände lautet: „Ich sage nicht zu euch, daß ich über die Vorräte verfüge, die Gott besitzt, oder daß ich das Verborgene weiß. Auch nicht, daß ich ein Engel bin. Ich folge nur dem, was mir (als Offenbarung) eingegeben wird“ (6,50; vgl. 11,12; 25,10).

Aber, so die Forderung der Polytheisten, Muḥammad soll, wie

[6] Siehe dazu ausführliche Angaben in meinem Buch: Einführung in die Grundlagen des Islams, Graz 1978, S. 80–101.

auch jeder andere Prophet, die Echtheit seiner prophetischen Sendung durch ein Beglaubigungswunder bestätigen. Er sollte Engel, oder gar Gott selbst erscheinen lassen (25,21). Oder er soll irgendein Zeichen von seinem Herrn bringen, „wie die früheren Gesandten" (21,5). Auf diese delikate Frage antwortet Muḥammad, daß nur Gott die Macht besitzt, Wunder zu wirken (29,50), die Propheten wirken Wunder nur, wenn Gott es ihnen erlaubt (40,78; 13,38). Im übrigen, die Geschichte bezeugt, daß die Wunder die verstockten Menschen doch nicht zum Glauben führten (10,96–97; 7,146; 6,23.109.111). So habe Muḥammad von Gott keinen Auftrag erhalten, Wunder zu wirken (17,59–60). Dennoch unterliegt seine Sendung keinem Zweifel, Gott hat ihm seine Offenbarung gegeben als Bestätigung der großen Offenbarungen der Vergangenheit, der des Mose und der Jesu Christi (20,133; 35,31 ...).

Von einem so hartnäckigen Unglauben fühlte sich Muḥammad tief betroffen, denn es ging um die Erfüllung seines Auftrags und die Bekehrung der Menschen zum einen, barmherzigen Gott. Er blieb seiner Sendung treu und wandte sich von seinen verstockten Gegnern ab. Diese aber bereiteten ihm und seiner Gemeinde solche Schwierigkeiten, sie verfolgten sie sogar so, daß die ersten Muslime der Verbannung, der Ächtung und mannigfaltigen Todesängsten ausgesetzt wurden. Als die Angriffe der Mekkaner unerträglich wurden und die Existenz der Gemeinde selbst ernsthaft bedrohten, entschloß sich Muḥammad, seine Vaterstadt zu verlassen. Er wanderte mit seiner Gemeinde aus und suchte Aufnahme in seiner Mutterstadt Yathrib (die später Medina, Stadt des Propheten, genannt wurde). Die Auswanderung (Hidjra) erfolgte im Jahr 622. Dieses Jahr ist das erste Mondjahr der islamischen Zeitrechnung. Die Auswanderung nach Medina hatte weitgehende Folgen für Muḥammad und die ersten Muslime. Die freundliche Aufnahme, die er dort fand, und die Zunahme der Zahl der Anhänger des Islams machten aus ihm bald den Mittelpunkt des gesellschaftlichen und politischen Lebens der Stadt. Er mußte die Aufgabe des sozialen und politischen Leiters der Gemeinschaft übernehmen.

„Er konnte sich nicht damit begnügen, eine von Askese inspirierte, auf das Jenseits gerichtete Botschaft zu predigen, er mußte sich mit dem Alltag der Muslime beschäftigen, eine soziale Ordnung auf die Beine stellen, die Fundamente der solidarischen islamischen Gemeinschaft legen, deren Solidarität nicht mehr auf der Blutsverwandtschaft, sondern auf dem gemeinsamen Glauben gründete. Endlich mußte Muḥammad den politischen und militärischen Kampf gegen die Feinde des Islams nach außen und auch innerhalb der Gemeinde selbst führen.

Dafür brauchte er mehr als nur prophetischen Mut und leidenschaftliche Appelle. Er brauchte und entwickelte auch den Sinn für die alltäglichen Realitäten, für die komplexen Vorgänge einer Gesellschaft, für die psychologischen Widerstände, die die Reform der lebensnotwendigen Tradition bei primitiven Stämmen hervorrief. Muḥammad blieb also in Medina nicht nur der inspirierte Prophet und der weltabgewandte Asket, er wurde zunehmend zum klugen, abwägenden Staatsmann, zum weisen Gesetzgeber, zum politischen Führer und zum Feldherrn, kurz, zur Zentralfigur der frühislamischen Gemeinde. Der ‚Gesandte Gottes' sah seine Autorität durch die Erfolge seiner Politik und seiner Führung wie auch durch die Unterstützung der göttlichen Offenbarung immer größer und fester werden."[7]

Die freundliche Aufnahme in Medina bedeutete nicht, daß alle Gruppen die Echtheit der Sendung Muḥammads anerkannten, und auch nicht, daß sie alle ohne Vorbehalte Partei für ihn ergriffen. Die Christen und vor allem die Juden, die Muḥammad in Mekka mit großer Achtung behandelte und „Leute der Schrift" (oder Schriftbesitzer) nannte, konnten sich nicht dazu entschließen, seine prophetische Sendung anzuerkennen. Vor allem die Juden waren mit den Mekkanern durch wirtschaftliche und militärische Abkommen verbunden. Außerdem vermochten sie die von Muḥammad behauptete Kontinuität zwischen der Tora und dem Koran nicht in allen Punkten (Prophetengeschichte, Gesetzgebung, Glaube an Jesus den Messias...) zu erkennen. Muḥammad ging dann ihnen gegenüber auf Distanz und erklärte die Selbständigkeit des Islams, indem er sich jenseits des Judentums und des Christentums direkt auf Abraham, den Vater aller Gläubigen, berief. Er bestimmte, daß die Muslime sich beim Gebet nicht mehr nach Jerusalem, sondern nach der Kaʿba zu Mekka zu richten haben, denn, so seine Version, dieses Zentralheiligtum der Araber wurde von Abraham mit seinem Sohn Ismael zur Anbetung des einen Gottes erbaut. Damit hatte der Islam in der Kaʿba ein religiöses Zentrum und ein Symbol seiner politischen Einheit.

---

[7] Aus meinem Buch: Einführung in die Grundlagen des Islams, Graz 1978, S. 35.

Militärisch hatte Muḥammad nach außen weiterhin gegen die Mekkaner zu kämpfen. Die Muslime überfielen die Karawanen der Mekkaner und fügten ihnen immer empfindlichere Verluste zu. Die bewaffnete Auseinandersetzung zwischen den verfeindeten Lagern fand in mehreren Schlachten und Konfrontationen statt: Die Muslime errangen den Sieg in Badr (624), erlitten eine Niederlage in Uḥud, wo Muḥammad sogar verwundet wurde (625). Unentschieden verlief die Belagerung Medinas durch die Mekkaner (627), weil die Muslime um ihre Stadt einen Graben ausgehoben hatten (Grabenkrieg). 728 erschienen die Muslime vor den Toren Mekkas. Sie schlossen mit den Mekkanern einen Waffenstillstand für zehn Jahre (Abkommen von Ḥudaybiyya), den jedoch die Mekkaner nicht respektierten. Daraufhin marschierten die muslimischen Kämpfer gegen Mekka. Die Mekkaner öffneten die Tore ihrer Stadt vor Muḥammad ohne Widerstand, nachdem sie die Zusicherung erhielten, daß die Bevölkerung Mekkas verschont wird. Muḥammad hielt sein Wort. Er trat in die Kaʿba ein und beseitigte endgültig die Götzen, die heidnischen Malereien und Kultsymbole. Das war im Jahr 630.

In Medina entledigte sich Muḥammad der Juden nach und nach. Im Anschluß an seinem Sieg zu Badr 624 griff er einen der drei Stämme der Juden an und vertrieb seine Mitglieder aus der Stadt. In der zweiten Hälfte des Jahres 625 wurde auch der zweite Stamm aus Medina vertrieben. Nach dem unentschieden verlaufenen Grabenkrieg griff Muḥammad den dritten Judenstamm an und ließ einen Schiedsrichter über ihr Schicksal entscheiden. Nach dessen Urteil wurden die Männer hingerichtet und die Frauen und die Kinder als Sklaven verkauft.

Nach der Beseitigung der Juden blieb es den Muslimen, den Einfluß der Christen zu neutralisieren. In Medina besaßen die Christen keine Bedeutung. Muḥammad startete einen Feldzug gegen die christlichen Stämme in Nordarabien (629), der mißglückte. Daraufhin verschärfte Muḥammad seinen Ton in der religiösen Auseinandersetzung mit den Christen. Dann kam der Befehl, alle Nicht-Muslime, einschließlich Juden und Christen, zu unterwerfen (Koran 9,29.33). Die muslimischen Truppen rückten gegen mehrere christliche Oasen im Norden und nahmen sie ein (630–631), andere Truppen bewegten sich in Richtung Süden nach Nadjrān im Jemen.

In den Jahren 630–631 schickten die arabischen Stämme Abgesandte zu Muḥammad, um ihren Übertritt zum Islam zu bekunden. 631 erklärte Muḥammad die Abschaffung des Polytheismus. 632 unternahm er mit einer großen Schar von Gläubigen die erste Wallfahrt des Islams nach Mekka, die als Vorbild für die muslimischen Pilger in der nachfolgenden Zeit gilt. Muḥammad wurde in Medina überraschend krank und starb am 8. Juni 632.

Muḥammad ist eine der bedeutendsten Gestalten der Religionsgeschichte. Man hat über ihn verschieden geurteilt: Nicht-Muslime haben ihn als einen Kranken oder als einen Menschenverführer bezeichnet. Heute stehen seine Aufrichtigkeit und sein tiefes religiöses Bewußtsein außer Zweifel. Für die gläubigen Muslime ist er ein großer Prophet und der Gesandte Gottes, der den Menschen die Offenbarung Gottes in der letzten Etappe der Prophetengeschichte verkündet hat. Nach dem Zeugnis des Korans hatte Muḥammad eine empfindsame Seele und ein unerschüttertes Sendungsbewußtsein. In unzähligen Versen betont der Koran, daß es Gott sei, der die Offenbarung auf Muḥammad herabsendet. So weiß der Prophet, daß Gott ihn rechtleitet (93,7; 48,2; 4,113).

Bestärkt wird Muḥammad in seinem prophetischen Sendungsbewußtsein durch die Überzeugung, daß seine Botschaft mit den früheren, echten prophetischen Botschaften und Schriften übereinstimmt. Noch mehr, der Koran ist nach seinem eigenen Selbstverständnis die letzte Etappe der langen Prophetengeschichte. Er bringt die endgültige Offenbarung und die endgültige Gestalt des Gesetzes. Damit gilt der Islam bei Gott „als einzig wahre Religion" (3,19). Er hebt alle anderen auf, und zwar nicht nur in Arabien, sondern auch in aller Welt. So verstehen die Muslime die Äußerungen des Korans: „Sag: Ihr Menschen! Ich bin der Gesandte Gottes an euch alle ..." (7,158), und: „Und wir haben dich gesandt, damit du den Menschen allesamt ein Verkünder froher Botschaft und ein Warner seiest..." (34,28). Muḥammad sei also der Höhe- und Endpunkt der Geschichte der Offenbarung und der prophetischen Verkündigung. Der Koran nennt ihn „das Siegel der Propheten" (33,40).

Die göttliche Offenbarung, die ihren offiziellen und endgültigen Abschluß mit Muḥammad fand, reicht in ihren Anfängen in die Urzeit zurück. Nach der Vorstellung des Korans hat Gott einem jeden einzelnen Menschen den Grundgehalt der späteren prophetischen Verkündigung kundgetan, und zwar in einer Uroffenbarung: „Bin ich nicht euer Herr? Sie sagten: Jawohl, wir bezeugen es" (7,172). Dazu kam die Verpflichtung, Gott allein zu dienen (36,60–61). Diese Vorstellung von einer Uroffenbarung und einem Urpakt zwischen den Menschen und Gott besagt, daß die Erkenntnis Gottes, die Anerkennung seiner absoluten Souveränität und damit verbunden der Gehorsam der Menschen und ihre Ergebung in den Willen Gottes (islām) im Herzen eines jeden Menschen verankert sind, jedem Menschen zugänglich sind und auch die Pflicht eines jeden Menschen darstellen. Das ist die fundamentale und allgemeingültige Form der Religion, die mit dem Beginn der Geschichte verkündet und verpflichtend gemacht worden ist und mit dem Islam ihre letztgültige Gestalt gefunden hat. So wird auch der Islam im Koran als die „schöpfungsmäßige Religion" bezeichnet (30,30).

Die Rolle der Propheten, die Gott zu jeder Zeit und zu jedem Volk (13,7; 35,24) gesandt hat, besteht darin, die vergeßlichen Menschen und all diejenigen, die aus mannigfaltigen Gründen dennoch zum Glauben an Gott und zum entsprechenden Gehorsam gegen seinen Willen nicht finden, sie auf die Zeichen Gottes in der Schöpfung hinzuweisen und an sein Wirken im Leben der Menschen und der Völker zu erinnern. Damit wird der verschüttete Zugang zum Glauben wieder geöffnet. Grundsätzlich verkünden alle Propheten dieselbe Grundbotschaft: „Es gibt keinen Gott außer mir. Dienet mir!" (21,25; vgl. 16,36).

Wenn die Menschen auf ihre Propheten hören, denselben Glauben bekennen und Gott, dem Herrn, einmütig dienen, so werden sie die Einheit der Menschenfamilie wiederherstellen, die in den Anfängen herrschte. Die Geschichte der Religionen zeigt aber, daß die Menschen ihren Schöpfer vergessen, seinen Dienst verworfen und ihre Einheit durch Parteibildung, Spaltungen und hartnäckigen Streit verloren haben. Die Propheten der verschiedenen Zeiten mußten dies immer wieder am eigenen Leib erfahren. Sie vermochten die Widerstände ihrer Landsleute nicht zu überwinden. Im Gegenteil, sie wurden Zielscheibe des Spottes, der Schmähungen, ja der Verfolgung und vielgestaltiger Todesgefahren. Durch ihre Geduld, ihre Treue und ihr Gottvertrauen haben sie trotz allen Scheiterns und aller Anfechtungen den Sieg davongetragen. Denn Gott hat immer wieder eingegriffen, um die Propheten und die Gläubigen zu erretten, die Ungläubigen aber zu bestrafen. Man erkennt in dieser schematischen Darstellung der Prophetenlegenden eine Wiedergabe der Erfahrungen Muḥammads selbst in seinen Bemühungen, den Unglauben und den Widerstand der Mekkaner zu überwinden.

Über die Verkündigung und das Schicksal verschiedener, altarabischer und biblischer Propheten (wie Noah) findet man vor allem in drei Koran-Suren aneinandergereihte Predigten, die alle nach demselben Muster verlaufen: Sure 26, 11 und 7. Als Beispiel seien hier nur die Stellen der Sure 7 ausführlich angegeben: 7,59–64 (Noah), 65–72 (Hūd), 73–79 (Ṣāliḥ), 80–84 (Lot), 85–93 (Shuʿayb), 94–102 (Zusammenfassung und Schlußfolgerung). Empfehlenswert ist auch die Lektüre der Sure 14,9–14, in der das Schema der Predigten über die Prophetenlegenden deutlich dargelegt wird.

Die Prophetengeschichte hat nach Auffassung des Korans besondere Höhepunkte erfahren, die in der vorherigen jüdischen und christlichen Tradition beheimatet sind. Diese Höhepunkte sind mit den Namen Adam, Noah, aber vor allem Abraham, Mose und Jesus verbunden.

*Abraham*

Abraham wird im Koran der Gläubige und Freund Gottes (4,125) genannt. In der polytheistischen Umgebung erkannte er Gott an der Vergänglichkeit der Welt. Er unternimmt es, seine Landsleute zu Gott zu bekehren. Er zerschlägt ihre Götzen (21,57–67; 37,88–96). Daraufhin wird er ins Feuer geworfen, aber Gott errettet ihn (21,68–70; 37,97–98; 29,24). Abraham verläßt seine Familie und seinen Stamm: „Ich will zu meinem Herrn gehen. Er wird mich rechtleiten“ (37,99). Abraham wird zum Freund Gottes auserwählt (4,125). Gott gibt ihm die Offenbarung (2,136; 4,163), die Prophetie (4,163) und die Schrift (vgl. 87,18–19). Er verheißt ihm eine begnadete Nachkommenschaft: Isaak und Jakob, eine rechtgeleitete und auserwählte Sippe (6,84; 19,27.49; 21,72). Gott stellt den Glauben Abrahams auf die Probe, indem er ihn auffordert, seinen Sohn zu opfern (37,99–113; 2,124). Die Mehrheit der islamischen Kommentatoren sehen in diesem Sohn Isaak, eine Minderheit Ismael. Das Opfer Abrahams ist im Islam das Vorbild des rituellen Opfers zur Zeit der Wallfahrt in der Nähe von Mekka (vgl. 37,107).

Abraham baut mit Hilfe seines Sohnes Ismael das Heiligtum der Kaʿba zu Mekka (2,125–127; 3,95–97; 22,26). Er hat auch die Pflichten eines frommen Muslims erfüllt: Glaubensbekenntnis an den einen, einzigen Gott, Gebet und Almosen (21,73), Wallfahrt (Weihezustand, Umgangsprozession, Opfer: 22,26–29), gute Werke (21,73). So wird er als der erste Muslim bezeichnet, das Vorbild der gottergebenen Gläubigen. Der Koran bekennt sich ausdrücklich und mit Vorliebe zum Glauben und zur Religion Abrahams (3,68–95; 4,125; 6,161; 16,123). Er weist die Ansprüche der Juden und Christen zurück, allein die wahre Religion zu besitzen, denn Abraham war doch vor Mose und vor Jesus Christus da (2,135–140; 3,65–68). Die glaubensmäßige und leibliche Verwandtschaft zwischen Abraham und dem Propheten Muḥammad kommt zudem im Gebet Abrahams zum Ausdruck (2,127–129).

Abraham ist das Vorbild all derjenigen, die durch den Glauben den Weg zu Gott finden und ein Leben des Glaubens in Gottesfreundschaft führen (2,124; 60,4.6). Nach dem Jüngsten Gericht wird er die Gläubigen ins Paradies begleiten.

Die wichtigsten Stellen des Korans, die sich auf Abraham beziehen, sind 51,24–37; 37,83–114; 26,69–87.88–104; 15,51–77; 19,41–50; 21,51–73; 11,69–76; 29,16–27.31–32; 6,74–86; 2,124–134.

*Mose und die Tora*

Muḥammad hat mit Vorliebe über die Gestalt des Mose gepredigt. Mose war sein großer Vorgänger, und zwar in seinen drei Hauptrollen als Prophet, als Volksführer und als Verkünder eines göttlichen Gesetzes.

Mose wird von Gott berufen und gesandt (20,10–13). Mit der Erlaubnis Gottes beglaubigt er seine Sendung vor dem Pharao durch verschiedene Wunder (20,17–23). Er erhält den Auftrag, das Volk Israel aus Ägypten in die Freiheit herauszuführen (20,24.42–45). Seine Botschaft an sein Volk lautet wie die Botschaft aller Propheten; er soll das weitersagen, was er von Gott selbst vernommen hat: „Ich bin Gott. Es gibt keinen Gott außer mir. Darum diene mir und verrichte, meiner gedenkend, das Gebet! ...“ (20,14–15; vgl. 20,49–55; 26,23–28). Mose hat seinen

Auftrag erfüllt. Gott errettete ihn und das Volk Israel aus der Bedrängnis und bestätigte ihn zum Führer seines Volkes. Gott zeichnete ihn auch durch besondere Gnadenerweise aus: „Mit Mose hat Gott wirklich gesprochen“ (4,164). Der Koran lobt ihn mit Nachdruck: „Er war ein Auserlesener und ein Gesandter und Prophet. Wir ... ließen ihn (uns) zu vertraulichem Gespräch nahekommen“ (19,51–52; vgl. 7,144).

Mose brachte von seinen Gesprächen mit Gott die Tora als göttliches Gesetz für die Kinder Israel. Die Tora ist ein Gnadenerweis von seiten Gottes. Denn sie ist Licht (21,48...), das zur richtigen Einsicht führt, sie ist Rechtleitung und Barmherzigkeit (28,53; 6,154...), denn sie zeigt den geraden Weg und stellt sichere Normen für das praktische Leben, ja sie gibt detaillierte Anweisungen: „Und wir schrieben ihm auf den (Gesetzes-)Tafeln allerlei auf, (daß es) zur Ermahnung (diene) und alles (im einzelnen) auseinandergesetzt (sei)...“ (7,145; vgl. 6,154). Damit sind dem Volk Israel verbindliche Vorschriften erlassen und der Befehl Gottes übermittelt worden (vgl. 2,68). Sie haben sich daran zu halten (5,43–44; 37,145; 2,63...). Wenn sie das tun, dann haben sie sich der Rolle würdig erwiesen, die ihnen von Gott zugedacht ist: Sie sollen ein Vorbild für die Menschen sein (28,5), so wie die Tora ein Vorbild für den Koran ist (46,12).

Die Tora hat jedoch manche Punkte im Bereich des Glaubens und der Gesetzgebung im Dunkel gelassen (43,63). Sie hat die Barmherzigkeit Gottes nicht zur vollen Entfaltung gebracht, denn Gott hat den Juden wegen ihrer Hartnäckigkeit manche Einschränkungen auferlegt (4,160; 6,146–147).

### *Jesus Christus und das Evangelium*

Für den Koran ist Jesus ein großer Prophet, dem Gott einmalige Zeichen der Auserwählung und einzigartige Gnadenerweise schenkte. Jesus wurde von einer auserwählten, heiligen jungfräulichen Mutter geboren (vgl. 3,42). Der Koran erzählt ausführlich die Umstände der Verkündigung an Maria und der Geburt Jesu, wobei die Angaben des Evangeliums sich mit denen der Apokryphen vermischen (vgl. 19,16–33). Aber er verteidigt wiederholt Maria und die Jungfrauengeburt gegen ihre Verleumder unter den Juden (4,156) und nennt sie die, die „sich keusch hielt“ (21,91; 66,12). Jesus trat schon in der Wiege als Wundertäter auf: Er sprach, gerade geboren, zu den Leuten und bestätigte vor versammelter Verwandtschaft seine prophetische Sendung; er „schaffte aus Lehm etwas, was wie Vögel aussah, und blies in sie hinein, so daß sie mit der Erlaubnis Gottes (wirkliche) Vögel wurden" (5,110); Gott bekräftigte seine prophetische Sendung durch allerlei Wunder: Heilung von Blinden und Aussätzigen, Erweckung von Toten (5,110; 3,49).

In seiner Predigt bestätigte Jesus die Botschaft der früheren Propheten und die bisherige Offenbarung. Er erließ das Evangelium als Gesetz für die Christen, die an ihn glaubten und seine Partei ergriffen. Denn Gott hatte ihn „die Schrift, die Weisheit, die Tora und das Evangelium gelehrt" (5,110; 3,48). Das Evangelium bringt also „Rechtleitung und Licht" (5,46), es ist die Entscheidungsnorm für die Christen und soll für sie seine Autorität und Gültigkeit erhalten (5,47). Zudem bedeutet das Evangelium einen Fortschritt, denn es bringt eine gewisse Erleichterung des mosaischen Gesetzes (3,50) und Klarheit über einige unter den Juden strittig gebliebene Fragen (43,63).

Außer den Aposteln und anderen Jüngern haben die Juden insgesamt an Jesus doch nicht geglaubt. Sie leisteten ihm und seiner Botschaft entschiedenen Widerstand. Aber Gott, wie der Koran auch von anderen Propheten erzählt, hat ihm gegen seine Widersacher beigestanden. Wie dieser Beistand aussah, darüber gibt es im Islam verschiedene Vorstellungen.

Daß Jesus dem Tod, wie jeder andere Prophet, ausgesetzt ist, ist eine Lehre des Korans (vgl. 19,35; 3,55; 5,117). Die Meinungen der muslimischen Kommentatoren gehen auseinander, wenn es darum geht, zu präzisieren, wann dieser Tod eingetreten ist bzw. eintreten wird und wie man die christliche Tradition vom Tode Jesu am Kreuz verstehen soll. Jesus ist nicht am Kreuz gestorben, so interpretiert der orthodoxe Islam eine Koranstelle, in der den Juden unter anderem folgender Vorwurf gemacht wird:

*4,157–158*

Weil sie sagten: Wir haben Christus Jesus, den Sohn der Maria und Gesandten Gottes getötet. – Aber sie haben ihn nicht getötet und nicht gekreuzigt. Vielmehr schien es ihnen nur so ... Und sie haben ihn nicht mit Gewißheit getötet. Nein, Gott hat ihn zu sich erhoben. Gott ist mächtig und weise.

Aus dieser Stelle folgern einige, daß Jesus der Todesgefahr entrinnen konnte; danach sei er gestorben und in den Himmel erhoben worden. Andere meinen, daß die Himmelfahrt und das Treten vor Gott ohne vorherigen Tod stattgefunden habe; Jesus werde jedoch am Ende der Zeit auf die Erde zurückkehren und erst dann sterben. Was aber die Ereignisse am Kreuz anbelangt, so herrschen unter den Kommentatoren unterschiedliche Meinungen. Entweder ist der gesamte Vorgang eine einzige Täuschung: die Juden hätten gemeint, Jesus ergriffen und gekreuzigt zu haben, in Wirklichkeit sei niemand gehängt worden, „es schien ihnen nur so", sagt der Koran. Oder die Juden haben in der Tat jemand gekreuzigt, es war aber nicht Jesus, sondern ein Ersatzmann. Die verschiedenen Erklärungsversuche der klassischen Zeit werden von Rāzī folgendermaßen zusammengefaßt: „Als erste Erklärung haben viele Theologen vorgetragen, daß Gott ihn (Jesus) zu sich erhoben hat, als die Juden beschlossen hatten, ihn zu töten; da fürchteten sich die Vorsteher der Juden vor einem Aufruhr unter dem Volk. So haben sie einen (anderen) Menschen genommen, ihn gekreuzigt und den Leuten vorgetäuscht, er wäre Christus. – Die zweite Erklärung besagt, daß Gott einem anderen Menschen eine Ähnlichkeit mit ihm verliehen hat. Wie aber? Dafür gibt es verschiedene Möglichkeiten: 1. Titeus der Jude ist in ein Haus eingetreten, in dem sich Christus aufgehalten hatte. Er fand ihn dort nicht; Gott aber verlieh ihm seine Ähnlichkeit. Als er hinausging, wurde er für Jesus gehalten; er wurde gefangen und gekreuzigt. 2. Man hatte einen Mann bestellt, um Jesus zu überwachen. Jesus aber wurde in den Himmel erhoben, und Gott verlieh seine Ähnlichkeit jenem Aufpasser, den man tötete, während er beteuerte: Ich bin doch nicht Jesus. 3. Einer seiner Anhänger meldete sich freiwillig: Gott verlieh ihm dann die Ähnlichkeit Jesu, und so wurde er herausgeholt und getötet. Jesus aber wurde erhoben. 4. Einer seiner Begleiter heuchelte und verriet Jesus, damit sie ihn töteten. Als er mit den Juden eintrat, um ihn wegzunehmen, verlieh ihm Gott seine Ähnlichkeit, und er wurde getötet und gekreuzigt. – Diese Möglichkeiten widersprechen und widerlegen sich. Aber Gott weiß besser die Wirklichkeit der Dinge."[8]

Außerhalb der sunnitischen Orthodoxie entstand eine andere Auslegung der oben zitierten Koranstelle. Wenn der Koran den Tod Jesu am Kreuz verneint, so will er damit sagen, daß zwar sein Leib getötet worden ist, aber nicht sein Geist, nicht seine

---

[8] Korankommentar: Mafātīḥ al-ghayb, Kairo 1308 H., Bd 3, S. 350.

Botschaft, nicht seine Sache. Jesus bleibt in seinem Geist und in seiner Botschaft über den Tod hinaus lebendig. Selbst der Koran bezeichnet die Märtyrer, die für den Islam ihr Leben lassen mußten, als lebendig: „Und du darfst nicht meinen, daß diejenigen, die um Gottes willen getötet worden sind, (wirklich) tot sind. Nein, (sie sind) lebendig, und ihnen wird bei ihrem Herrn (himmlische Speise) beschert" (3,169). Desgleichen unterstreicht der Koran seine Aussage über Jesus: „Und sie haben ihn nicht mit Gewißheit getötet" (4,157), d. h. nicht im eigentlichen und vollen Sinn des Wortes.

Jesus ist in den Himmel erhoben worden. Er wird aber am Ende der Zeit, so die islamische Tradition, wiederkommen. Seine Wiederkunft leitet die Endzeit ein und kündigt das Endgericht an. Jesus wird in Jerusalem leben, dort die Pflichten eines vollkommenen Muslims verrichten. Er wird sich gegen alles erheben, was dem islamischen Glauben zuwiderläuft, er schafft die Schweine weg, beseitigt die Kreuze, reißt Synagogen und Kirchen nieder. Er wird Zeugnis geben gegen die Juden, die an ihn nicht geglaubt haben, und auch gegen die Christen, die seine Lehre verfälscht, seine Religion nicht befolgt und an den Islam nicht geglaubt haben (vgl. 4,159). Jesus wird dann die Einheit der Menschheit herstellen und das vollkommene Reich der Endzeit vierzig Jahre lang in Gerechtigkeit und Frieden regieren. Er wird auch heiraten und Kinder zeugen, und dann auch sterben. Er wird in Medina beigesetzt werden, neben Muḥammad und den Khalifen Abū Bakr und ʿUmar. Am Tage des Endgerichts wird Jesus die Erlaubnis erhalten, für die Menschen Fürsprache einzulegen (vgl. 3,45), und er wird als Zeuge über die Leute der Schrift (Juden und Christen) auftreten (4,159).

Der Islam mißt also dem Kreuzestod Jesu keine Heilsbedeutung zu. Er verneint sie im Gegenteil, weil ein solcher Tod das Scheitern des Propheten Gottes und seine Niederlage vor den Widersachern des Glaubens bedeuten könnte. Dies aber zugeben käme der Bestätigung einer einmaligen Ausnahme in der Prophetengeschichte, wie sie der Koran erzählt und wie sie nach dem Koran verlaufen soll, gleich; dies hätte auch die Gefährdung der Zukunft des Islams und die Untergrabung der Hoffnung der Muslime auf den siegreichen Ausgang der Auseinandersetzung Muḥammads mit seinen Gegnern bedeutet.

Zu diesem Punkt und zur Lehre des Korans über die Person Jesu, siehe das nächste und auch das letzte Kapitel.

4. KAPITEL

# Der islamische Glaube

Der Glaube ist die Grundhaltung des Muslims und die Mitte des Islams. Der Koran stellt fest, daß jeder Mensch die angeborenen Anlagen zum Glauben an Gott und zum Gehorsam gegen seinen Willen besitzt. Der islamische Glaube ist in seinem Wesen das wiederholte Zeugnis von Gott und seiner Wahrheit, die wiederholte Bestätigung des ursprünglichen Glaubensbekenntnisses, das auf die Uroffenbarung gefolgt ist (vgl. 7,172).

Die zentrale Bedeutung des Glaubens im Islam erhellt unter anderem aus folgenden Aussagen: Der Unglaube bzw. der Abfall vom Glauben macht die Werke des Menschen wertlos; der Glaube dagegen verleiht dem Menschen die Zuversicht, Gottes Wohlgefallen zu erfahren. Über die Wertlosigkeit des Lebens der Ungläubigen ist der Koran ausdrücklich: „... Sie sind ungläubig. Gott macht darum ihre Werke hinfällig" (33,19; vgl. 7,147). Der Unglaube führt daher zum Verderben und zur Höllenstrafe, dasselbe bewirkt auch der Abfall vom Glauben (2,217; 47,34). Denn der Abfall vom Glauben ist die schwerste Sünde, er stellt den Abtrünnigen außerhalb des Bereichs der Barmherzigkeit Gottes und verurteilt ihn dadurch zur ewigen Verdammnis (vgl. 16,106–107; 2,217). In sehr ernsten Sätzen ermahnt der Koran diejenigen, deren Glauben gefährdet ist. Seine Warnung erinnert an den dramatischen Text des Hebräerbriefs 6,4–8; 10,26–31. Es lohnt sich hier, eine Stelle des Korans im vollen Wortlaut zu zitieren:

*3,86–91*

Wie sollte Gott Leute rechtleiten, die ungläubig geworden sind, nachdem sie gläubig waren, und (nachdem sie) bezeugt haben, daß der Gesandte (Gottes und seine Botschaft) wahr ist, und (nachdem sie) die klaren Beweise erhalten haben! Gott leitet das Volk der Frevler nicht recht. Ihr Lohn besteht darin, daß der Fluch Gottes und der Engel und der Menschen insgesamt auf ihnen liegt. (Sie werden zum Höllenfeuer verdammt), um (ewig) darin zu weilen, ohne daß ihnen Straferleichterung oder Aufschub gewährt wird, ausgenommen diejenigen, die danach umkehren und sich bessern. Gott ist barmherzig und bereit zu vergeben. Diejenigen (aber), die ungläubig geworden sind, nachdem sie gläubig waren, und hierauf dem Unglauben immer mehr verfallen, deren (verspätete) Buße wird nicht angenommen werden. Das sind die, die (endgültig) irregehen. Diejenigen, die ungläubig geworden sind und in diesem Zustand sterben, – nicht die (ganze) Erde voll Gold würde von einem von ihnen (als Lösegeld) angenommen, auch wenn er sich (allen Ernstes) damit loskaufen wollte. Eine schmerzhafte Strafe haben sie zu erwarten. Und sie haben (dereinst) keine Helfer."

Der Islam betrachtet den Abfall vom Glauben als die absolute Sünde und ahndet ihn mit der Todesstrafe, die schon der Koran für die Heuchler, die sich von der Gemeinschaft der Gläubigen abwenden, vorgeschrieben hat (vgl. 4,88–89).

Wenn der Unglaube das Leben und die Werke des Menschen wertlos macht, so verleiht der Glaube den Muslimen die unerschütterliche Zuversicht, Gott zu gefallen. Zwar muß sich der Gläubige im Alltag bewähren, aber auch wenn das Leben des Muslims seinem Glauben nicht entspricht, so bleibt sein Glaube für ihn die Garantie dafür, daß er der göttlichen Strafe doch noch entrinnen und letztlich ins Paradies eingelassen wird.

Wenn man bei einseitiger Betonung eines zentralen Elements vereinfacht sprechen darf, so könnte man das Judentum als die Religion der Hoffnung, das Christentum als die Religion der Liebe und den Islam als die Religion des Glaubens bezeichnen.

## *Inhalte des islamischen Glaubens*

Der rechte Glaube der Muslime hält sich an die Offenbarung Gottes und orientiert sich am Glauben des Propheten Muḥammad. Seine Hauptinhalte werden im Koran angegeben: „Alle glauben an Gott, seine Engel, seine Schriften und seine Gesandten" (2,285).

Über die Propheten und Gesandten und die von ihnen gebrachten Heiligen Schriften wurde schon im 3. Kapitel berichtet. Die folgenden Ausführungen sind hauptsächlich der islamischen Gottesvorstellung gewidmet.

Für den gläubigen Muslim ist die islamische Gottesvorstellung in der Offenbarung Gottes selbst begründet und in ihren Grundzügen festgelegt. Dennoch können wir in der koranischen Vorstellung vom Wesen und Wirken Gottes verschiedene Elemente feststellen, die eine Verwandtschaft mit altarabischen, jüdischen und christlichen Auffassungen aufweisen. Die Verwandtschaft des Korans mit der Tora und mit dem Evangelium wird vom Koran selbst unterstrichen (vgl. 26,195–197; 87,18–19; 35,31; 10,37; 46,12; 2,41 usw.). Juden und Christen bekennen sich zum einen Gott, der Schöpfer, Vorsehung und Richter ist. Aber auch die Araber zur Zeit Muḥammads kannten einen höchsten Gott: Allāh. Allāh ist der Herr der Kaʿba zu Mekka, er ist zwar der Schöpfer, aber wie die Höchsten Wesen anderer Naturreligionen spielte er im praktischen Leben der Menschen keine direkte Rolle mehr. Er war zu einem fernen Gott verblaßt, dessen Zorn im Alltag nicht mehr gefürchtet und dessen Gunst nicht mehr gesucht wurde. Die Menschen standen nicht mehr unter seinem Gericht, er wurde nur noch in äußerster Not angerufen. Gerade gegen diese praktische Haltung der Araber, die eine vermeintliche Ferne Gottes und seines Gerichtes annahmen, erhob Muḥammad seine mahnende Stimme (vgl. 23,84–90; – 29,61 63; 10,31).

## *Gott*

### *Gott ist der Einzige*

Der Monotheismus ist die Grundfeste des islamischen Glaubens. Der Muslim bekennt immer wieder: „Ich bezeuge: Es gibt keinen Gott außer Gott…" und der Koran wird nicht müde, zu bestätigen: Gott ist einer allein (37,4; vgl. 52,43; 73,9; 20,14; 23,91 …). Eine vielzitierte Sure sagt es in kurzen Sätzen:

> *112,1–4*
> Sag: Er ist Gott, der Einzige, Gott der Souveräne. Er hat weder gezeugt, noch ist er gezeugt worden. Und keiner ist ihm gleichrangig.

Der Koran wendet sich gegen die Polytheisten, die dem einzigen Gott andere Götter beigesellen. Er reagiert damit aber auch gegen einige Lehren des christlichen Credo.

Den Polytheisten hält der Koran vor, daß ihre vermeintlichen Götter doch nichts von dem vollbringen können, was Gott tut: erschaffen, die Schöpfung erneuern, den Lebensunterhalt bescheren, Hilfe leisten, überhaupt irgend etwas ausrichten (vgl. 27,59–64). Gott ist auf niemanden angewiesen, er braucht sich nicht ein Kind zuzulegen, er besitzt ja schon die gesamte Schöpfung (10,68). Er hat keine Gefährtin gehabt (72,3; 6,101), und es besteht keine Verwandtschaft zwischen ihm und den Engeln. Wenn er etwas erschafft, so tut er es nicht durch Zeugung, sondern durch sein schöpferisches Wort (19,35; 2,117). Die Vorstellung, daß neben Gott andere Götter existieren, ist endlich auch deswegen unhaltbar, weil sie zu Widersprüchen führt. Die Nebengötter würden nach der Macht und der Herrschaft Gottes trachten (17,42). Diese Konkurrenz (23,91) bringt nur Unheil über die Schöpfung (21,11). So ist Gott der einzige, und die schwerste Sünde, die Gott den Menschen nicht vergibt, ist der Polytheismus, die Beigesellung (shirk), wie sich der Koran ausdrückt (4,48.116).

Der strenge Monotheismus des Islams wirft auch den Christen Übertreibung in ihrer Verehrung Jesu Christi, des Sohnes der Maria, vor. Der Koran erkennt Jesus als einen Propheten und großen Gesandten Gottes an (19,30; 3,48–49; 4,171; 33,7; 5,110–111 ...). Er nennt ihn Messias bzw. Christus (3,45).

Jesus ist nach dem Koran „ein Geist von Gott" (4,171), weil er, so die muslimischen Kommentatoren, durch das Einhauchen des Geistes Gottes in Maria empfangen wurde (vgl. 21,91; 66,12), so wie Adam durch den Hauch des göttlichen Geistes erschaffen wurde (vgl. 15,29; 32,29; 38,72).

Jesus Christus wird auch „Wort Gottes" (4,171), ein Wort von Gott (3,45) genannt. Dieser Titel bedeutet nicht, wie christliche Apologeten immer wieder zu unterstreichen suchten, daß der Koran die Gottheit Jesus Christi anerkennt und daß er ihn als den ewigen Logos bezeichnet. Für die Muslime ist Jesus Gottes Wort in dem Sinne, daß er durch das schöpferische Wort Gottes erschaffen wurde (vgl. 3,47.59; 19,35) oder daß er vom Wort Gottes durch den Mund der Propheten vorausverkündigt wurde oder daß er das Wort Gottes prophetisch verkündet, oder endlich daß er selbst das Wort Gottes, die frohe Botschaft Gottes an die Menschen ist.

So ist Jesus Christus, der Sohn der Maria, ein begnadeter Mensch (43,59; 4,171–172), er kann aber nicht als Gottes Sohn bezeichnet werden. Dieselben Argumente, die gegen die Polytheisten vorgebracht werden, behalten auch hier ihre Gültigkeit. Jesus trat auf wie ein gewöhnlicher Mensch: Er und seine Mutter pflegten Speise zu sich zu nehmen (5,75). Gleich allen anderen Geschöpfen steht auch ihm nicht zu, eine andere Haltung einzunehmen als die eines Sklaven und eines Dieners (19,93). Wenn also die Christen Christus als Sohn Gottes verehren, so ist eine solche Verehrung weniger ein Ehrerweis als eine Aussage, die an polytheistische Äußerungen erinnert: „Die Christen sagen: Christus ist der Sohn Gottes. So etwas wagen sie offen auszusprechen. Sie tun es denen gleich, die früher ungläubig waren ..." (9,30). Wiederholt bzeichnet der Koran diejenigen, die eine solche Lehre verkünden, als ungläubig (5,17.72). Denn die Christen haben diese Lehre gewiß nicht von Jesus erhalten: Christus habe doch verkündet: „Ihr Kinder Israels! Dienet Gott, meinem und eurem Herrn!" (5,72; vgl. 5,116–117). Es widerspricht seiner prophetischen Sendung, falsche Aussagen über sich und über seine Beziehung zu Gott zu machen, wie es die Christen in ihrer polytheismus-verdächtigen Lehre wagen: „Es darf nicht sein, daß Gott einem Menschen die Schrift, Urteilsfähigkeit und Prophetie gibt und dieser daraufhin zu den Menschen sagt: Wendet eure Verehrung mir zu, statt Gott" (3,79). Nein, die christliche Lehre von der Gottheit Jesu Christi sei eine Verfälschung der Botschaft Christi, sie gehe auf das Konto der Christen und ihrer Theologen. Der Koran wundert sich: „Wie können sie so verschroben sein! Sie haben sich ihre Mönche sowie Christus, den Sohn der Maria, an Gottes Statt zu Herren genommen. Dabei ist ihnen (doch) nichts anders befohlen worden, als einem einzigen Gott zu dienen, außer dem es keinen Gott gibt. Gepriesen sei er! (Er ist erhaben) über das, was sie (ihm) beigesellen" (9,30).

Der Koran weist auch den Glauben an die christliche Trinität zurück und versteht ihn als einen Glauben an drei Götter. In zwei Versen nimmt er dazu ausdrücklich Stellung:

*4,171*

Ihr Leute der Schrift! Treibt es in eurer Religion nicht zu weit und sagt gegen Gott nichts aus als die Wahrheit! Christus Jesus, der Sohn der Maria, ist nur der Gesandte Gottes und sein Wort, das er der Maria entboten hat, und Geist von ihm. Darum glaubt an Gott und seine Gesandten und sagt nicht von Gott: Drei! Hört auf! Das ist besser für euch. Gott ist nur ein einziger Gott ...

*5,75*

Ungläubig sind diejenigen, die sagen: Gott ist einer von dreien. Es gibt keinen Gott außer dem einzigen Gott. Und wenn sie mit dem, was sie sagen, nicht aufhören, dann wird diejenigen von ihnen, die ungläubig sind, eine schmerzhafte Strafe treffen. Aber wie stellt sich der Koran näherhin die christliche Trinität vor? Zwei Stellen können hierüber Auskunft geben. Der Koran betont zunächst einmal, daß Maria zwar eine Heilige ist, aber sie und ihr Sohn Jesus sind nur Menschen und keine Götter (5,75). Deutlicher spricht es der Koran in der zweiten Stelle aus. Gott fragt Jesus: „Jesus, Sohn der Maria! Hast du (etwa) zu den Leuten gesagt: Nehmt euch außer Gott mich und meine Mutter zu Göttern?“ (5,116). Wenn man außerdem die Stellen berücksichtigt, die betonen, daß Gott keine Gefährtin (72,3; 6,101) und auch kein Kind hat (vgl. 10,68), dann kann man folgendes feststellen: Für den Koran scheint die christliche Trinität aus Gott (Vater), Maria (Mutter) und Jesus (Sohn) zu bestehen. Die wissenschaftliche Forschung hat noch nicht abschließend ausgemacht, welche Formen christlicher Frömmigkeit bzw. welche Lehrmeinungen christlicher Sekten den Koran zu einem solchen Mißverständnis geführt und zu einer solchen Stellungnahme veranlaßt haben.

*Gott ist der Eine*

Der islamische Monotheismus stellt sich nicht nur gegen die Vervielfältigung der Gottheit, er leugnet auch jede Spaltung im inneren Wesen Gottes selbst. Gott ist nicht nur sozusagen nach außen hin der Einzige, er ist auch im Inneren der Eine, dessen Wesen sich nicht in mehrere Eigenschaften aufspaltet. Denn die innere Vervielfältigung des Wesens Gottes würde unweigerlich zur äußeren Vervielfältigung der Gottheit selbst, d.h. zum Polytheismus führen.

Diese Position der islamischen Theologie führte zu Streitigkeiten in bezug auf das Verständnis der Sprache der koranischen Offenbarung. Die muslimischen Theologen sind sich darüber einig, daß man ohne Bedenken all diejenigen Eigenschaften bejahen kann, die von Gott sagen, was er nicht ist: Das sind die sogenannten negativen Prädikate. So kann man durchaus von Gott sagen, er sei zeitlos, anfangslos und endlos (ewig), er sei anders als die Geschöpfe usw. Der Koran schreibt aber Gott auch positive Eigenschaften zu: Gott weiß alles, er sieht alles, er hört alles, er tut, was er will, er spricht zu den Propheten. Die Tradition kennt 99 Eigenschaften Gottes, die der Koran als „die schönsten Namen“ bezeichnet (59,24; 7,180) und die außer seiner Einheit und Transzendenz auch sein Wirken, seine Barmherzigkeit, seine Macht, seine Richtergewalt beschreiben. Über das richtige Verständnis und den rechten Gebrauch dieser positiven Prädikate gingen die Meinungen der theologischen Schulen auseinander. Um die Einheit des Wesens Gottes vor jeder Aufspaltung zu bewahren, mochten die Muʿtaziliten diese Prädikate nur mit ausdrücklicher Erwähnung des Wesens Gottes gebrauchen. Am liebsten hätten sie auf sie verzichtet, ihnen reicht es, wenn man von Gott sagt: Er ist. Die Orthodoxie spricht sich mit den Ashʿariten für die Treue zur Sprache der Offenbarung aus und versteht die positiven Prädikate als eine nähere Qualifikation, die zum Wesen Gottes hinzukommt: sie sind zwar nicht dasselbe wie das Wesen Gottes, aber auch nicht etwas wesentlich anderes als dieses selbe Wesen Gottes.

*Gott ist der Transzendente*

Die soeben abgeschlossenen Ausführungen zeigen, wie schwer es die Theologen haben, von Gott richtig zu reden und die gemachten Aussagen spekulativ zu verantworten. Diese Bemerkung gilt nicht nur für die muslimischen Theologen, sie gilt aber für sie im besonderen Maße. Denn der Islam bekennt sich mit eifersüchtiger Entschiedenheit zur Transzendenz Gottes. Die Tradition läßt den Propheten Muḥammad sagen: „Wie das Auge, das in die Sonne schaut, durch Finsternis an der Beobachtung gehindert wird, so der Verstand beim Versuch, in die Natur Gottes einzudringen." Er habe auch den Muslimen empfohlen: „Denkt an Gottes Gaben, nicht an seine Natur, denn dazu habt ihr die Fähigkeit nicht." Auch der Koran betont die Transzendenz Gottes: „Gott ist der Erhabene" (2,255; vgl. 20,114; 23,116). „Die Sehkraft erreicht ihn nicht" (6,103). „Es gibt nichts, was ihm gleich wäre" (42,11). Auch wenn er sich zu erkennen gibt, bleibt er verborgen (vgl. 57,3).

Diese letzte Aussage, wie die ganze Auffassung von der Transzendenz Gottes, hat weitreichende Konsequenzen. Zunächst einmal sei auf das strenge Bilderverbot im Islam hingewiesen. Gott kann und darf nicht in Bildern festgelegt werden, denn nichts in dieser Welt ist ihm gleich und keine konkrete Darstellung Gottes kann eine irgendwie geartete Ähnlichkeit mit ihm aufweisen. Dann stellt sich die Frage, wie überhaupt ein Zugang zu Gott möglich ist. Der Koran spricht in diesem Zusammenhang von zwei Wegen: die Offenbarung Gottes und seine Zeichen in der Natur eröffnen den Zugang zu Gott, und dennoch bleibt Gott in seinem eigentlichen Sein verborgen.

Die Offenbarung, sein Wort, sein ewiges Wort, nimmt an seiner Transzendenz teil. Einige Theologen betonen sogar, daß der Koran selbst ewig sei und folglich für den Menschenverstand grundsätzlich unerreichbar. Der Wortlaut des Korans kann immer wieder rezitiert werden, sein eigentlicher Inhalt bleibt jedoch verborgen. Wer sich dennoch um diesen Inhalt bemühen will, der soll sich an Muḥammad, den Verkünder der Offenbarung und ihren besten Interpreten wenden. Der Gläubige erhält durch die Sprache des Propheten den Zugang zum Inhalt der transzendent bleibenden Offenbarung. Das ist die Lehre der streng traditionsgebundenen Ḥanbaliten. Für die Muʿtaziliten bildet die Sprache der Offenbarung zwar logisch zusammenhängende Sätze, sie vermag jedoch die Wirklichkeit Gottes nicht auszudrücken. Für den Menschen ist dies eine reine Sprache ohne einen adäquaten Realitätsbezug (Tendenz zum Nominalismus). Die theologisch verantwortbare Sprache wäre eigentlich nur die negative Rede von Gott.

Die Ashʿariten und mit ihnen die Orthodoxie des Islams bekennen sich zur Transzendenz Gottes, aber auch zur Fähigkeit des Menschen, die Sprache der Offenbarung zu verstehen. Denn wenn Gott zu den Menschen spricht, so will er, daß sie den Inhalt seiner Offenbarung verstehen. Um dieses Verständnis zu ermöglichen und zu erleichtern, bezieht sich die Sprache der Offenbarung auf die Wirklichkeit der Welt und des Lebens, daher kann man von einer gewissen Analogie zwischen der in der göttlichen Offenbarung gemeinten Wirklichkeit und der menschlichen Realität ausgehen. Diese Analogie enthüllt nicht das Wesen Gottes (keine ontologische Analogie), sie ist lediglich eine Hilfestellung, sozusagen eine Quasi-Analogie, die dem Menschen einen Hinweis und eine Andeutung auf die ganz andersartige Wirklichkeit Gottes gibt. So empfiehlt es sich für den Gläubigen, Gott zu suchen, indem er sich mit seinem Wirken in dieser Welt und im Leben der Menschen beschäftigt.

### *Gott ist der Schöpfer*

Gott ist der Schöpfer des Himmels und der Erde, er ist vor allem der Schöpfer des Menschen. Die Vorstellungen des Korans über den Vorgang der schöpferischen Tätigkeit Gottes erinnern an die biblische Sprache und an die entsprechende Volkstradition.

Gott hat Himmel und Erde, d.h. die ganze Welt, erschaffen (46,3; 29,44). Die Erschaffung der einzelnen Teile der Welt erfolgte durch Trennung aus einer gestaltlosen Masse (21,30). Gott ist es, der Erde und Himmel auseinandergespalten hat (21,30), er ist es, der die Elemente abgetrennt und somit ins eigene Dasein gerufen hat (21,56; 14,10; 35,1; 6,14–79...). Die Erde hat er in zwei Tagen erschaffen (41,9) und zu einem festen Boden gemacht, den er mit Bergen und allerlei Wegen ausgestattet hat (21,31; 41,10). Der Himmel war Rauch (41,11), er wurde von Gott zu einer festen Decke (79,28; 21,32), zu einem riesigen Zelt ohne Stützen gespannt (31,10; 13,2) und in sieben Gewölben aufgeschichtet (78,12; 23,17.86; 2,29...). Himmel, Erde und Luftraum sowie Himmelskörper wurden in den Dienst des Menschen gestellt (7,54; 55,5; 35,15; 6,97; 13,2...; vor allem 20,53–55; 16,79–83; 27,60–64).

Denn der Mensch ist das Geschöpf, das Gott vor allen anderen ausgezeichnet und bevorzugt hat (17,70). Bei der Erschaffung des Menschen hat Gott ein besonderes Verfahren angewandt: Er hat ihn aus Erde (u.a. 18,37), aus Lehm (23,12; 15,26) gebildet und ihm „Geist von sich eingeblasen“ (15,28–29). Damit hat er ihm eine schöne Gestalt gegeben (95,4; 40,64...) und ihn mit Gehör, Sehvermögen und Verstand (67,23; 23,78; 32,9; 16,78), mit Augen, Zunge und Lippen (90,8–9) ausgestattet. Aus dem ersten Menschen ließ Gott auch dessen Partnerin entstehen (39,6; 4,1).

Gott tritt aber bei seiner schöpferischen Tätigkeit nicht durchweg als Bildner und Gestalter auf. Seine ureigene Art besteht darin, durch die Kraft seines schöpferischen Wortes die Urmasse und die differenzierten Teile der Welt ins Dasein zu rufen (2,117; vgl. 16,40). Auch bei der Erschaffung des Menschen war das Wort Gottes die eigentliche Schöpferkraft: „Jesus ist vor Gott wie Adam. Den schuf er aus Erde. Hierauf sagte er zu ihm nur: sei! da war er.“

*Gott ist die Vorsehung*

Gott hat die Welt und den Menschen nicht ein für allemal ins Dasein gerufen und sie dann ihrem Schicksal überlassen. Er begleitet seine Geschöpfe mit seiner Vorsehung. So hat Gott die Welt für den Menschen bewohnbar gemacht, er hat sie so ausgestattet, daß sie dem menschlichen Leben dient und es fördert (17,70). Der Mensch wird mit dem versorgt, was er zum Leben braucht: Behausung, Herden, Bäume, Berge, Kleidung usw. (16,80–81). Das ist von seiten Gottes ein Zeichen, daß er dem Menschen Gnade erweist und ihm gegenüber Barmherzigkeit walten läßt. Auch in der Not ist Gott immer wieder bereit, den Menschen, vor allem den Gläubigen, aus ihrer Bedrängnis zu helfen. So begleitet Gott das Leben der Menschen und lenkt den Lauf ihres Schicksals.

Er tut es unablässig, denn er setzt jederzeit seine schöpferische Tätigkeit fort. Das Werk der Schöpfung ist nämlich nicht in der Urzeit endgültig beendet worden. Nach der Sprache des Korans zu urteilen, erschafft Gott die Welt und den Menschen immer wieder in jedem Augenblick neu (vgl. 23,12–14). Das bedeutet, daß alles in jedem Augenblick durch den unbedingten und freien Willen Gottes neu bestimmt wird. Die Welt weist somit keine Beständigkeit und keine innere, wesenhafte Kontinuität auf. Ihre scheinbare Kontinuität ist in Wirklichkeit nur die Reihe der punktuellen und immer erneuerten Wirkungserscheinungen des freien Schöpferwillens Gottes (Atomismus). Was die Dinge sind, wie sie wahrgenommen werden und wie sie aufeinander wirken, auch die sogenannten Naturgesetze, das alles sind letztlich nur die Gewohnheiten des göttlichen Wirkens. Gott allein kann wirken und wirkt; außerhalb seines Tuns besteht keine Kausalität (vgl. 56,71–72; 8,17). Was also die Menschen als Gesetzmäßigkeit der Welt ansehen, ist nichts anderes als die positive, freie Festsetzung Gottes, der in seinem Wirken eine gewisse Regelmäßigkeit und Beständigkeit beachtet. Damit bleibt das Betreiben von Naturwissenschaft weiterhin praktisch möglich, aber die Ergebnisse gelten nur als vorläufige Feststellungen, die durch eine neue freie Entscheidung Gottes jederzeit umgestoßen werden können.

Der gleiche Atomismus beherrscht auch das Leben der Menschen. Die Geschichte, die Kontinuität in der Zeit, ist nur die Reihe der einzelnen Entscheidungen des freien Willens Gottes in bezug auf die Tätigkeit und das Geschick eines jeden Menschen. Damit stellt sich die Frage nach der göttlichen Vorherbestimmung und der menschlichen Willensfreiheit.

### *Gott ist allmächtig*
### *Vorherbestimmung und menschliche Freiheit*

Der Koran und die islamische Tradition betonen mit Nachdruck die Allmacht Gottes. Gott ist es, der allein das Leben gibt und es wieder nimmt (40,68). Er sieht und hört alles, vor ihm ist nichts verborgen, auch die tiefsten Geheimnisse des Herzens nicht (vgl. 8,70; 35,51; 47,19...). Sein Wissen erfaßt alles (4,108.126; 17,60; 48,21 ...). Er bestimmt vor allem das Schicksal des Menschen. Kann aber der Mensch selbst zur Gestaltung seines Lebens beitragen? Genauer gefragt: Hat der Mensch am Zustandekommen seiner Taten teil, und wird ihm eine Willensfreiheit eingeräumt?

Die Aussagen des Korans zu dieser Frage ergeben keine eindeutige Stellungnahme. Es gibt eine Reihe von Versen, die für die Vorherbestimmung aller Werke des Menschen durch Gott sprechen. Andere Verse betonen die Entscheidungsmöglichkeit des Menschen und daher auch seine Verantwortung.

Zur erstgenannten Stellungnahme gehören die Verse, die den unbedingten Willen Gottes als alleinige Ursache alles Geschehens in der Welt und im Leben der Menschen betonen: „Sag: Uns wird nichts treffen, was nicht Gott uns vorherbestimmt hat" (9,51; vgl. 25,2; 27,57). Alles ist „in einer Schrift verzeichnet, ehe es erschaffen wird" (57,22). Auch der Glaube der einen und der Unglaube der anderen ist eine Bestimmung Gottes, denn „Gott führt, wen er will, in die Irre. Und wen er will, den bringt er auf einen geraden Weg" (6,39; vgl. 16,93; 14,4; 35,8; 2,26.142...). Wenn man weiß, daß nach dem Koran der Glaube zum Paradies und der Unglaube zur Hölle führt, dann bedeutet diese Bestimmung der einen zum Glauben und der anderen zum Unglauben eine Prädestination zum Heil oder zur Verdammnis, und zwar in letzter Instanz und nicht hinterfragbar: „Wen Gott irreführen will, für den gibt es keinen, der ihn rechtleiten würde" (7,186; vgl. 18,17; 17,97; 39,25.37; 13,33). So stellt der Koran deutlich fest: „Gott hat euch, und was ihr macht, geschaffen" (37,96).

Man findet aber im Koran andere Verse, die den Glauben bzw. Unglauben in die Verantwortung des Menschen stellen: „Wer nun will, möge glauben, und wer will, möge nicht glauben!" (18,29). Die Ungläubigen werden für ihre Verstockung und ihren Frevel zur Rechenschaft gezogen und vom gerechten Richter verurteilt werden, und es geschieht ihnen dabei kein Unrecht (vgl. 40,17; weiter 99,7–8; 41,46). Das Böse, das einen auf dieser Erde trifft, ist nicht Bestimmung Gottes: das Gute kommt von Gott und das Schlimme vom Menschen selber (4,97). So soll sich jeder befleißigen, die Gebote und Verbote Gottes zu beachten und sich für das Gute und gegen das Böse zu entscheiden.

„Man kann die zwiespältige Lehre des Korans aus den Umständen seiner Verkündigung erklären. Angesichts der Verstockung der Menschen und ihrer Unfähigkeit, die Zeichen Gottes zu begreifen und zum Glauben zu finden, schien Muḥammad nur noch eine Erklärung plausibel zu sein: Es ist Gottes Einwirkung, die den einen den Weg zum Glauben ebnet und den anderen diesen Weg versperrt. Man kann auch darauf hinweisen, daß es eine arabische, vielleicht eine allgemein semitische Art ist, zunächst einmal alles pauschal auf Gottes Wirkung zurückzuführen, obwohl doch die Menschen ihre eigne Verantwortung für ihre Werke tragen müssen. Es hat nämlich den Anschein, als ob der Koran in bezug auf die menschliche Haltung zwei Ebenen unterscheiden würde. Auf der menschlichen Ebene bringt das Individuum seine Taten frei zustande und ist folglich für sie verantwortlich. Auf der Ebene der göttlichen Wirkung ist alles von Gott vorherbestimmt und wird auch von ihm ungeachtet der Mitwirkung des Menschen ausgeführt.“[9]

Die ersten Generationen der Muslime waren von den massiven Aussagen des Korans in bezug auf die uneingeschränkte Allmacht Gottes und seine Vorherbestimmung so beeindruckt, daß sich eine Schulrichtung gebildet hat, die eine strenge Prädestinationslehre vertrat. Das ist die Schule der Djabriten (djabr = Zwang). Sie lehrte einen umfassenden göttlichen Determinismus und behauptete, daß der Mensch am Zustandekommen seiner Taten keinen Anteil hat. Gott vollbringt in ihm alle Werke, die guten und die bösen. Der Mensch selbst ist wie ein willenloses Werkzeug bei der Entscheidung zum Handeln und bei der Ausführung der Tat.

Für die Willensfreiheit des Menschen trat zu Beginn des 9. Jahrhunderts die Schule der Muʿtaziliten ein. Die Allmacht Gottes, so argumentierte sie, schenkt dem Menschen die Entscheidungs- und Handlungsfreiheit. Damit wird sichergestellt, daß die Werke des Menschen zum Wirkungsbereich der göttlichen Vorsehung gehören. Denn wenn der Mensch wirklich nicht frei wäre, wäre er auch der Verantwortung für seine Taten ledig und wären auch die sittlichen Gebote Gottes sinnlos und man könnte nicht von der Gerechtigkeit Gottes bei der Vergeltung der menschlichen Handlungen sprechen.

---

[9] Aus meinem Buch: Einführung in die Grundlagen des Islams, Graz 1978, S. 149.

Im 10. Jahrhundert suchte die orthodoxe Schule der Ashʿariten eine Lehre zu formulieren, die zugleich die absolute Allmacht und die alleinige Kausalität Gottes auf der einen und die Verantwortung des Menschen auf der anderen Seite berücksichtigt. Die Ashʿariten unterscheiden zwischen dem Zustandekommen der Tat und der moralischen Verantwortung für die Tat. Das Zustandekommen der Tat im Menschen ist in jeder Phase das Werk Gottes, aber der Mensch eignet sich die Tat an und übernimmt damit für sie die moralische Verantwortung. Jede menschliche Tat ist also von Gott von Ewigkeit her gewollt, wird aber in der Zeit im Menschen hervorgebracht. Durch seine Zustimmung zur jeweiligen Tat macht der Mensch sie zur eigenen Tat, er trägt für sie die Verantwortung, und sie wird ihm angerechnet. Diese Lehre hat viele Einwände hervorgerufen, z.B.: Durch welche Kraft schafft es der Mensch, sich die ihm von Gott hervorgebrachte Tat anzueignen? Ist diese Kraft Werk Gottes, dann ist der Mensch eigentlich doch nicht frei, die Verantwortung für die Tat zu übernehmen. Ist die Kraft dem Menschen eigen, dann gibt es also doch einen Bereich, der sich der umfassenden Allmacht Gottes entzieht.

Das menschliche Vorstellungsvermögen und die menschliche Sprache scheinen nicht dazu geeignet zu sein, über den Bereich des göttlichen Wirkens und seine Beziehungen zum menschlichen Handeln adäquate Lösungen zu finden und sie auch adäquat zu formulieren. So verzichtet die islamische Theologie heute darauf, eine endgültige Lösung des theoretischen Problems zu suchen. Sie betont die Willensfreiheit und daher die moralische Verantwortung des Menschen, und sie bejaht zugleich die allumfassende Vorherbestimmung durch Gott. Wie diese beiden Aussagen zu vereinbaren sind, bleibt für uns Menschen ein Geheimnis.

Die gängige Theologie des Islams heute hält also an der menschlichen Freiheit und zugleich an der göttlichen Vorherbestimmung fest. Der Volksglaube aber betont in seinen Aussagen und im feststellbaren Verhalten der muslimischen Massen so sehr die Vorherbestimmung, daß viele allzu leicht versucht sind, hier von Fatalismus zu reden. Der islamische Glaube, auch der Volksglaube, ist nicht fatalistisch, denn er kennt kein blindes, unerbittliches Schicksal. Das Leben des Menschen wird von einem lebendigen Gott gelenkt, dessen Entscheidungen zwar souverän und nicht hinterfragbar sind, der aber auch der weise und barmherzige Herr der Menschen ist. Was als Fatalismus erscheinen mag, ist für den gläubigen Muslim eher eine religiöse Haltung, die ihm erleichtert, sich in schweren Situationen und dort, wo er an die Grenzen seiner menschlichen Möglichkeiten stößt, in den Willen Gottes zu ergeben. Es wird also nicht alles Gott überlassen, weil ja der Mensch nichts für sein eigenes Los tun kann, sondern es wird dort, wo der Mensch ohnmächtig ist, alles aus der Hand Gottes angenommen, manchmal mit Resignation, aber oft auch mit Gottvertrauen und Gelassenheit.

*Gott ist der Richter der Menschen*
Gott ist nicht nur der allmächtige Schöpfer und die allgegenwärtige Vorsehung, die den Menschen näher ist als die Halsschlagader (50,16). Gott ist auch der Richter der Menschen. Als „Herr des Ostens und des Westens" (73,9), „Herr der Menschen in aller Welt" (40,64) kann und wird er von den Menschen Rechenschaft fordern. Sein Gericht ist die ständige Drohung, die die Widerspenstigen auf den richtigen Weg zurückbringen soll. Schon auf Erden scheidet das Gericht Gottes die Ungläubigen, die dem Fluch ausgeliefert und dereinst zur ewigen Pein verurteilt werden (33,64–65), und die Gläubigen, Gegenstand des Wohlgefallens und der Gunst Gottes: „Gott ist der Freund der Gläubigen" (3,68); er allein hat eine rettende „Freundschaft zu bieten" (18,44), wenn die Schrecken des Todes und des Gerichts auf die Menschen als einzelne und in ihrer Gesamtheit hereinbrechen werden.

## *Die Letzten Dinge*

*Tod und Zwischengericht*
Der Tod ist das unentrinnbare Los eines jeden Menschen, ohne Ausnahme: „Und keinem Menschen vor dir haben wir Ewigkeit verliehen... Ein jeder wird (einmal) den Tod erleiden" (21,34–35; vgl. 3,185). Es gibt für die Menschen keine sichere Zuflucht vor dem Tod; auch hinter ihren Schutzwällen, auch in ihren sichersten Verstecken erreicht sie der Tod (62,8; 4,78). So hat es Gott bestimmt (56,607). Er will damit die Menschen zur Besinnung bringen, sie auf die Probe stellen, wie sich der Koran ausdrückt, „um zu sehen, wer von ihnen am besten handelt" (67,2).

Bei der Scheidung der Seele vom Leib nehmen die Todesengel die Seele in Empfang (vgl. 32,11; 16,28.32–33; 4,97), sie bringen sie in den Himmel vor Gott. Dort erfolgt eine Art Zwischengericht. Das bestätigt vielleicht folgende Koranstelle:

*62,8*

Sag: Der Tod, vor dem ihr flieht, wird euch begegnen. Hierauf werdet ihr vor den gebracht werden, der über das, was verborgen und was allgemein bekannt ist, Bescheid weiß. Dann wird er euch Kunde geben über das, was ihr getan habt.

Diejenigen, die in ihrem Erdenleben gläubig und gerecht waren, erfahren, daß sie Gegenstand der Gnade Gottes sind, daß ihnen ihre Sünden vergeben worden sind und daß sie dereinst ins Paradies Einlaß finden werden. Die Ungläubigen und Ungerechten werden am Tor des Himmels zurückgewiesen.

Alle Seelen kehren dann zu ihrem Leib zurück und erleben dort am Grab die Fortsetzung des Zwischengerichts. Die Tradition nennt zwei Engel, die für das Verhör der Verdammten, und zwei andere, die für die Gläubigen zuständig sind. Dem Toten werden Fragen vorgelegt, seine Antworten entsprechen seinem Leben und besiegeln zunächst einmal sein ewiges Los am Jüngsten Tag. Die Fragen lauten: Wer ist dein Gott – Wer ist dein Prophet? – Welches ist deine Religion? – Welches ist deine Gebetsrichtung? Die Geretteten wissen zu antworten, der Reihe nach: Gott, – Muḥammad, – der Islam, – Mekka. Sie erhalten daraufhin die Bestätigung der Verheißung des Paradieses (vgl. 41,30; 16,32). Die Verdammten wissen keine Antwort oder antworten falsch und erhalten Schläge „ins Gesicht und auf das Hinterteil“ (47,27; 8,50) und die Zusicherung der ewigen Pein in der Hölle.

Dann folgt die lange Nacht, die Wartezeit bis zum Endgericht. Die Seelen führen ein Leben wie im trunkenen Schlaf. Wenn schließlich der Jüngste Tag anbricht, wird es ihnen erscheinen, „als ob sie nur eine Stunde des Tages (im Grab) verweilt hätten“ (10,45), oder „nur einen Abend und den darauffolgenden Morgen“ (79,46), oder höchstens zehn Tage (20,103–104).

### *Die Endzeit und die Auferstehung der Toten*

Die Endzeit wird in vielen Versen des Korans erwähnt. Der Muslim ist derjenige, der an Gott und an den Jüngsten Tag glaubt (2,8.126.232; 3,114 usw.).

„Die Endzeit bricht auf die Welt herein wie eine große Katastrophe" (79,34). Der Koran malt die Vorgänge, die das Endgericht einleiten, und die kosmischen Erscheinungen, die es begleiten, in schaudervollen Ausdrücken aus (vgl. z.B. 82,1–5; 81,1–14; 69,13–51; 77,7–14; 75,1–13). Nach einem gewaltigen Posaunenstoß gerät die kosmische Ordnung ins Wanken (u.a. 69,13; 20,102...), Himmel und Erde, d.h. die ganze Welt, vergehen vor Angst (27,87). Der Himmel bebt (52,9) und spaltet sich (69,16...), die Sterne „werden zum Erlöschen gebracht" (77,8) und stürzen (81,2). Die Sonne wird zusammengefaltet (81,1), der Mond spaltet sich (54,1), er wird finster und wird mit der Sonne vereinigt (75,8–9). Der Himmel „gerät ins Schwanken" (52,9) und wird zusammengerollt (21,104). Auch die Erde bebt (56,4 usw.) und die Berge wanken (81,3 usw.), sie zerbröckeln und werden zu Staub (56,6...), zu zerzauster Wolle (70,9), zu ebener Fläche (20,106–107) gemacht.

Die Menschen vergehen vor Angst: „... Das Beben der Stunde ist etwas Gewaltiges. Am Tag, da ihr es sehen werdet, wird jede stillende (Frau) vergessen, auf ihren Säugling zu achten, und jede, die schwanger ist, zur Welt bringen, was sie trägt. Und du siehst die Menschen (wie) betrunken, ohne daß sie es sind ..." (22,1–2).

Nach diesen kosmischen Erscheinungen der endzeitlichen Katastrophe erfolgt die allgemeine Auferstehung. Der Glaube an die Auferstehung der Menschen zum Gericht gehört zu den wichtigsten Glaubensinhalten des Islams. In einem der vielen Verse, die diesen Glauben ausdrücken, bestätigt der Koran: „Gott, es gibt keinen Gott außer ihm. Er wird euch sicher zu dem Tag der Auferstehung versammeln, an dem nicht zu zweifeln ist. Wer wäre glaubwürdiger in seiner Aussage als Gott?" (4,87; vgl. 23,15–16; 2,113; 3,9.25). Der Koran verteidigt den Glauben an die allgemeine Auferstehung gegen die nachhaltigen Bedenken der Polytheisten, die an die Wiederbelebung der Toten nicht glauben mochten (vgl. u.a. 16,38; 64,7) und meinten: „Es gibt nur unser diesseitiges Leben. Wir sterben und leben (nur hier) und werden (dereinst) nicht auferweckt" (23,37; vgl. 45,24). Der Koran erwidert, daß Gott seine Verheißung und seine Drohung erfüllen wird; seine Allmacht, die die gesamte Welt ins Dasein gerufen hat, kann die Toten auferwecken (vgl. 17,98–99); „Das fällt ihm ganz leicht" (30,27). Das kann man jedes Jahr an der Natur sehen, die durch die Kraft Gottes aus ihrem Wintertod zu neuem Leben wiedererweckt wird. „Derjenige nun, der die Erde (wieder)belebt, kann die Toten lebendig machen" (41,39). In eindrucksvoller Weise legt der Koran seine Argumentation in folgenden Versen vor:

*36,79.81–83*

Sag: der wird sie (wieder) lebendig machen, der sie erstmal hat entstehen lassen und der über alles, was mit Schöpfung zu tun hat, Bescheid weiß... Hat denn nicht der, der Himmel und Erde geschaffen, (auch) die Macht, ihresgleichen zu schaffen? Aber gewiß! Er ist es, der (alles) erschafft und der (über alles) Bescheid weiß. Bei ihm ist es so: Wenn er etwas will, sagt er dazu nur: sei!, dann ist es. Gepriesen sei er, in dessen Hand die Herrschaft über alles liegt und zu dem ihr (dereinst) zurückgebracht werdet!

Die Ungläubigen begnügten sich nicht nur damit, die Auferstehung zu leugnen, sie bedrängten Muḥammad und fragten, wann denn die Stunde des Gerichts kommen und „wann diese Androhung (Wirklichkeit werden) wird" (67,25; 10,48). Obwohl Muḥammad beteuert, daß Gott allein über die Stunde Bescheid weiß (67,26), lebte er am Anfang seiner Verkündigung in der Erwartung des nahen Gerichtes: „Die Katastrophe, die zu erwarten ist, steht nahe bevor. Niemand kann sie beheben, außer Gott" (53,57–58; vgl. 70,6–7). Mit der Zeit schwächte sich diese Naherwartung des Endgerichts wohl ab. Gott habe den Menschen eine Frist gesetzt, sagt der Koran (11,104). Das Gericht könne überraschend kommen, deswegen solle man die Drohung ernstnehmen: „Vielleicht steht sie nahe bevor" (17,51).

*Gericht und Vergeltung*

Zur festgesetzten Zeit erscheint der Richter der Welt, sein Thron wird von acht Engeln getragen (69,17). Der Richter ist Gott. Er allein wird zu Gericht sitzen, um alle Menschen zur Rechenschaft zu ziehen und ihnen nach ihrem Leben zu vergelten: „Jedem wird voll heimgezahlt, was er begangen hat. Und ihnen wird kein Unrecht getan" (2,281). Die Propheten, die zu ihren jeweiligen Völkern zu allen Zeiten gesandt worden, werden als Zeugen gegen ihre Landsleute auftreten (10,47). Auch Jesus wird sein Zeugnis über die Juden und die Christen ablegen (4,159). Nur mit der Erlaubnis Gottes dürfen die Propheten und auch die Engel Fürsprache für die Menschen einlegen (20,109; 21,28). Nach islamischer Tradition wird Muḥammad für die Muslime sprechen und sie damit in Scharen ins Paradies führen.

Gott fällt das Urteil über die Menschen unter Berücksichtigung ihres Glaubens und ihrer Werke. Zur Feststellung der Qualität der Menschen dienen die Bücher, in die ihre Taten von den Engeln eingetragen wurden (83,7–8; 45,28–29...). Die guten tragen das Register ihrer Taten in der rechten, die Bösen in der linken Hand (69,19.25) oder sie erhalten es von hinten her (84,10). Auch eine Himmelswaage ermöglicht einen gerechten Vergleich zwischen den guten und den bösen Werken (101,6–9). Endlich, so die Vorstellung der Tradition, gibt es eine wie ein Haar schmale Brücke über dem Höllenabgrund (vgl. Koran 37,25), von der die Ungläubigen in die Hölle hinabstürzen, während die Gläubigen sie heil überqueren können.

Wenn Gott das Urteil gefällt hat, werden die Menschen hauptsächlich in eine Gruppe auf der rechten Seite (das sind die Geretteten: 56,8.27...; 74,39 usw.) und eine Gruppe auf der linken Seite (das sind die Verdammten: 56,41) geteilt.

Die Verdammten verweilen ewig in der Hölle (43,74–77; 11,106–107; 3,24...). Ihre Qual ist unerträglich, sie wird im Koran in sehr eindringlichen Worten beschrieben. In der Hölle herrscht kein Friede, die Verdammten streiten miteinander und beschimpfen sich gegenseitig (38,55–64), „sie haben Fesseln und Ketten an ihrem Hals und werden in das heiße Wasser gezerrt", und das Höllenfeuer wird mit ihnen geschürt (40,71–72). Sie werden geschlagen und im Feuer geschmort, aber sie können „weder sterben noch leben" (20,74), denn, so die drastische Ausmalung der Pein im Koran, „sooft ihre Haut gar ist, tauschen wir ihnen eine andere ein, damit sie die Strafe zu fühlen bekommen. Gott ist mächtig und weise" (4,56). Die Hölle wird von neunzehn Engeln überwacht (74,30–31), denen der Engel Mālik vorsteht. Mālik wird von den Verdammten gerufen: „Mālik! Dein Herr soll uns (doch) den Garaus machen (so daß wir im Tod Erlösung finden). Er (aber) sagt: Ihr werdet (hier) bleiben" (43,77). Die Tradition weiß zu erzählen, daß die Verdammten auf Erlösung drängen, es wird ihnen nach tausend Jahren eine Antwort in Aussicht gestellt. Nach tausend Jahren antwortet Mālik: Niemals! Und die qualvolle Szene wiederholt sich endlos.

Die Höllenbewohner sind vor allem die Ungläubigen. Die Gläubigen, deren gute und böse Taten sich ausgleichen, werden für eine Zeitlang an einem neutralen Aufenthaltsort, Höhen (aʿrāf) genannt (7,46–47), verweilen. Dann werden sie aufgrund ihres Glaubens ins Paradies eingelassen.

Die Gläubigen, die in ihrem Leben böse waren, werden zunächst einmal zur Hölle verdammt, aber nur für eine bestimmte Frist. Aufgrund ihres Glaubens und auf die Fürsprache des Propheten Muḥammad werden sie im Endeffekt doch ins Paradies geführt. So wird deutlich, daß für das Leben auf Erden und auch für das Jenseits der Glaube das Fundament und die Mitte des Islams ist.

Im Paradies genießen die Gläubigen und diejenigen, die ihnen dorthin nachgefolgt sind, die ewige Wonne (11,108; 34,8–9). In Worten, die das irdische Glück widerspiegeln, beschreibt der Koran die unsagbaren Wonnen des Paradieses: wunderbarer Garten mit Flüssen von Wasser, Milch, Wein und Honig (14,23; 47,15), Überfluß an Früchten und leibliches Wohl (36,55–57...), Geschlechtsverkehr mit den Paradiesjungfrauen (Ḥūrī: 52,20; 56,22.35–37 usw.), Friede und Glück (15,45–50). Auch die gläubigen Frauen sind für das Paradies und seine Wonne bestimmt (36,56; 13,23 usw.). Nähere Einzelheiten über das Paradies finden sich im Koran 52,17–24; 56,10–40; 55,46–78; 76,5–22.

Die Bilder, die der Koran zur Beschreibung der paradiesischen Wonnen gebraucht, werden von den muslimischen Theologen zwar im wörtlichen Sinne verstanden, aber die Autoren verweisen darauf, daß die Seligkeit im Paradies feiner ist als die irdischen Wonnen und daß sie in Wirklichkeit über dem Vorstellungsvermögen der Menschen steht. Damit ist gesagt, daß sie doch anders geartet ist als die irdischen Güter und Wonnen. Sie wird zwar mit den gleichen Namen bezeichnet, aber ihre Wirklichkeit weist keine Ähnlichkeit mit dem Diesseits auf. Ein Spruch Muḥammads in diesem Zusammenhang erinnert an das im 1. Korintherbrief 2,9 zitierte Wort: „Ich habe meinen gerechten Dienern das vorbereitet, was kein Auge gesehen und kein Ohr gehört hat und keinem Menschen in den Sinn gekommen ist."

Im Paradies werden die Gläubigen das Wohlgefallen Gottes erfahren (9,72), seinen Friedensgruß vernehmen (36,58), vor allem aber zu Gott hinschauen: „Manche Gesichter werden an jenem Tage leuchtend sein und zu ihrem Herrn schauen" (75,22–23). Die Theologen der orthodoxen Schule der Ashʿariten betrachten die Schau Gottes als die höchste Seligkeit des Himmels (vgl. 9,72); sie ist „das Allerbeste und das Übermaß" an Lohn, das die Gläubigen im Paradies erwarten dürfen (10,26). Auch der Prophet Muḥammad habe den Muslimen versichert: „Ihr werdet euren Herrn von Angesicht zu Angesicht sehen, wie ihr diesen Vollmond seht. Ihr werdet an seiner Schau nicht zweifeln." Aber nicht alle werden Gott schauen, denn dies liegt bei Gott und hängt von seiner Enscheidung ab.

### *Die Engel und die Dämonen*

Im islamischen Volksglauben und in den Aussagen des Korans über die Engel, die Dämonen und die Djinn (Zwischenwesen zwischen Engel und Mensch) kommen biblische Vorstellungen und auch Elemente der jüdischen und der altarabischen Tradition vor.

Die Engel sind hauptsächlich Wesen aus Licht, die sich dem Lob und dem Dienst Gottes widmen. Nach dem Befehl Gottes bewachen sie die Menschen, verzeichnen ihre Werke und gewähren ihnen sogar Schutz. Sie nehmen die Seelen der Toten in Empfang. Die wichtigste Aufgabe der Engel, vor allem des Engels Gabriel, ist die Überbringung der Offenbarung an die Propheten (16,2; 2,97).

Die Teufel sind gefallene Urbewohner des Paradieses. Sie weigerten sich, dem Befehl Gottes zu folgen und vor dem neu erschaffenen Menschen niederzufallen (u.a. 7,11–12). Daraufhin wurden sie aus dem Paradies vertrieben. Seitdem sind sie damit beschäftigt, die Menschen zu verführen. Die islamische Theologie geht davon aus, daß die Teufel aus Feuer erschaffen wurden (vgl. Koran 38,76; 7,12).

Die Djinn sind aus Feuerflammen (55,15; 15,27) erschaffen worden. Sie sind subtile Körper, pflanzen sich fort und sind sterblich. Sie bedürfen der göttlichen Rechtleitung, wie die Menschen, und sie werden auch dem Gericht unterworfen werden (u.a. 6,128.130).

5. KAPITEL

# Die islamische Gemeinschaft

Der Koran verfolgt mit unablässiger Bemühung ein doppeltes Anliegen. Er sucht den rechten Glauben, die Religion, die auf der göttlichen Wahrheit gründet und sich in der Wahrheit entfaltet. Er sucht auch gleichermaßen den rechten Weg, der die Menschen zum Willen Gottes führt. Damit trifft der Koran das Hauptanliegen Gottes selbst, denn Gott hat die Offenbarung verkünden lassen und er „hat seinen Gesandten mit der Rechtleitung und der Religion der Wahrheit geschickt, um ihr zum Sieg zu verhelfen über alles, was es (sonst) an Religion gibt..." (61,9; 48,29; 9,33). Der Mensch braucht sich nur Gott zu ergeben (islām), um die feste Gewißheit zu gewinnen, daß er in seinem Glauben und in seinem Handeln rechtgeleitet ist. „Gott sagt die Wahrheit, und er führt den (rechten) Weg", sagt der Koran (33,4). Und so können die Menschen die beklemmende Befürchtung, dem Irrtun und dem Verderben zu erliegen, abschütteln. Sie können mit Dankbarkeit erklären: „Wir hätten unmöglich die Rechtleitung gefunden, wenn nicht Gott uns rechtgeleitet hätte..." (7,43). Die Gläubigen, die sich von Gott und seinem Gesandten leiten lassen, bilden nach der Aussage des Korans „die beste Gemeinschaft, die unter den Menschen entstanden ist. Ihr gebietet, was recht ist, verbietet, was verwerflich ist, und glaubt an Gott" (3,110). Im Vergleich mit dieser besten Gemeinschaft wird die vorislamische Zeit Altarabiens als die Zeit der Unwissenheit bezeichnet (32,33; 3,154; 48,26; 5,50).

Um der islamischen Glaubensgemeinschaft Gestalt und Bestand zu verleihen, hat der Koran verschiedene Bestimmungen erlassen. Diese betreffen die religiösen Pflichten des Muslims, die moralischen Werte und die Normen des sittlichen Handelns, die Grundgestalt der Familie, die Grundlagen der Gemeinschaft und die politische Grundstruktur der Gesellschaft.

Ein Muslim wird an der Erfüllung der vom Koran vorgeschriebenen religiösen Grundpflichten erkannt. Deshalb werden diese als die Grundpfeiler bzw. Hauptstützen des Islams genannt. Sie sind fünf an der Zahl: Das Glaubensbekenntnis, das Gebet, das Fasten, die Sozialsteuer und die Wallfahrt nach Mekka.

*Das Glaubensbekenntnis*
Ein Mensch wird Muslim, wenn er das Glaubensbekenntnis (shahāda) ablegt. Es lautet: „Ich bezeuge, es gibt keinen Gott außer Gott, und Muḥammad ist der Gesandte Gottes." Der Gläubige rezitiert oft diese Formel, um immer wieder seinen Glauben zu bestätigen und seine Hingabe an Gott und seine Bindung an den Gesandten Muḥammad, an den Islam und an die Gemeinschaft der Muslime zu befestigen.

Die Theologen und die Rechtsgelehrten stritten über die Frage, ob man erst beim äußeren Ablegen des Glaubensbekenntnisses gläubiger Muslim wird oder nicht. Die Theologen legen den Akzent auf die Aufrichtigkeit des Herzens und verbinden den Muslim-Status mit der inneren Annahme des Glaubens. Die Rechtsgelehrten legen den Akzent eher auf die juristische Seite der Aufnahme eines Menschen in die Glaubensgemeinschaft und fordern das feststellbare, äußere Bekenntnis des Glaubens durch das Aussprechen der vorhin wiedergegebenen Formel.

Eine weitere Frage ist, ob die Sünden den Glauben so schwächen können, daß er erlischt und daß man dadurch wieder zum Ungläubigen wird. Wenn man weiß, daß diejenigen, die wieder ungläubig geworden sind, der Verbannung und sogar der Todesstrafe ausgesetzt sind, so kann man die Bedeutung der Lösung dieser Frage erkennen. Die Khāridjiten und einige radikale Gruppen von Eiferern meinen, daß der Sünder kein Gläubiger mehr ist. Die Mehrheit der Sunniten vertritt die Lehre, daß die Sünde den Glauben nicht nichtig mache. Das Urteil über einen schlechten Muslim solle Gott überlassen werden. So habe die Gemeinde keine Veranlassung, Khalifen oder Statthalter abzusetzen, weil sie Sünder sind. Auch gehe der Glaube, der nicht direkt verleugnet wird, nicht verloren, und der Muslim dürfe weiterhin auf die letztendliche Rettung hoffen.

*Das Gebet*

Das Gebet ist der vorzügliche Ausdruck des Glaubens. Es beinhaltet die Anerkennung der Souveränität Gottes und der Abhängigkeit des Menschen vom göttlichen Wohlwollen.

Der Islam kennt das Pflichtgebet (ṣalāt), das private Gebet (duʿāʾ) und auch das mystische Gebet, Anrufung des Names Gottes oder Gottgedenken (dhikr) genannt.

Das Pflichtgebet ist zwar vom einzelnen Muslim zu verrichten, es besitzt jedoch eine einheitliche Form und erfolgt nach festen Riten, die es zu einem Ritus der Gemeinschaft machen und daher den einzelnen Gläubigen in die Solidarität der Gemeinschaft der Muslime fest einbinden. Der Koran betont die Pflicht der Muslime, das Gebet zu verrichten: „Sag meinen Dienern, die gläubig sind, sie sollen das Gebet verrichten" (14,31). „Verrichtet das Gebet", wiederholt er oft (2,110; vgl. 73,20; 30,31 usw.). Er bestimmt ausdrücklich: „Das Gebet ist für die Gläubigen eine festgelegte Vorschrift" (4,103). Diese Vorschrift verpflichtet alle Erwachsenen, Männer und Frauen. Befreit von dieser Pflicht sind Kranke, Altersschwache, Geistesgestörte u.ä. Reisende werden entweder dispensiert oder dürfen in verkürztem Ritus beten (vgl. 4,101). Das Gebet gibt dem Tag des Muslims seinen Rahmen, denn es muß nach den Angaben des Korans und der Tradition fünfmal am Tag verrichtet werden: mittags, nachmittags, abends, in der Nacht und in der Morgendämmerung (vgl. 20,130; 17,78; 30,17–18).

Zu den gegebenen Zeiten ruft der Muezzin die Gläubigen zum Gebet. Der Muslim darf aber nicht unvermittelt vom täglichen Geschäft zur Verrichtung des Gebets übergehen. Er muß sich in den Zustand der kultischen Reinheit versetzen. Je nach dem Grad der vorherigen Unreinheit wird eine Teilwaschung oder (bei sexueller Verunreinigung) eine Ganzwaschung vollzogen. Zur Waschung wird im Normalfall Wasser verwendet, das übrigens in der Nähe jeder Moschee zu finden ist. In abgelegenen Orten, an denen kein Wasser vorhanden ist, darf die Reinigung mit sauberem Sand bzw. Staub vollzogen werden (4,43). Rein müssen außer dem Körper des Betenden auch seine Kleider und der Ort, an dem er betet, sein. Ein solcher Ort ist vor allem die Moschee. Man kann sich aber einen Gebetsplatz herrichten, indem man einen Teppich oder ein Kleidungsstück oder etwas Ähnliches auf der Erde ausbreitet. Die Bemühung um Reinheit und Herstellung eines passenden Kultortes ist nicht ein äußerlicher Akt. Der Reinigungsritus ist ein Symbol der inneren Reinheit, der Reue und der Abkehr vom Ungehorsam gegen den Willen Gottes.

Zum Gebet selbst stellt sich der Gläubige in Richtung Mekka (2,144–145.149–150). Diese Gebetsrichtung wird in den Moscheen durch eine Gebetsnische (miḥrāb) angezeigt. Dann formuliert der Beter seine Absicht, nun das Pflichtgebet zu verrichten. Er spricht: „Gott ist größer." Damit tritt er in einen vorläufigen Weihezustand, der bis zum Ende des Gebets andauert. Das Gebet besteht aus einer Anzahl von Einheiten, die alle folgende Riten beinhalten: Rezitation von Gebeten, vor allem der Einleitungssure des Korans (al-fātiḥa) in aufrechter Haltung, Verbeugung, Niederwerfung auf den Boden bzw. Prostration, Sitzen. Mit dem Schlußgruß nach rechts und nach links endet der Weihezustand und das Gebet.

Diese Körperhaltungen bringen beim frommen Beter eine innere Einstellung zum Ausdruck, die als „Anwesenheit des Herzens" bezeichnet wird. Wer vor Gott zum Gebet antritt, muß eine lautere Absicht haben, sein Gebet in Demut verrichten (vgl. 23,2; 2,45). Denn sein Leben ist in der Hand Gottes. Das bedeutet zweierlei. Zum einen hat der Gläubige die Gewißheit, daß Gott ihm die guten Dinge beschert und sich als der gütige, feinfühlige Gott zeigt, dem „demütige Ergebenheit" gebührt (2,238). Aber, und das ist der zweite Punkt, der Gläubige weiß, daß Gott der transzendente, verborgene Gott bleibt, dessen Wille unerforschlich und dessen Entscheidungen nicht hinterfragbar sind. Deswegen muß der Gläubige mit Furcht beten (11,23), seine Anliegen in vertrauensvollem Begehren und zugleich in demütiger Furcht vortragen (21,90; 7,56). Die verschiedenen Körperhaltungen beim Gebet spiegeln außerdem die Bereitschaft des Gläubigen wider, Gott zu loben und anzubeten, seine Souveränität und Allmacht anzuerkennen und sich in seinen Willen zu ergeben.

Neben dem Pflichtgebet des einzelnen Gläubigen schreibt der Koran auch das Freitagsgebet als Pflicht der Gemeinschaft vor, um die Solidarität und die Brüderlichkeit der Gläubigen untereinander zu festigen:

> *62,9–10*
> Ihr Gläubigen! Wenn am Freitag zum Gebet gerufen wird, dann wendet euch mit Eifer dem Gedenken Gottes zu und laßt das Kaufgeschäft (so lange ruhen)! ... Doch wenn das Ge-

bet zu Ende ist, dann geht eure Wege und strebt danach, daß Gott euch Gunst erweist…

Der Freitag ist also nicht ein Feiertag, wie der Sonntag der Christen. Er ist nur der Tag, an dem sich die Muslime zum Mittagsgebet in der Moschee versammeln, um unter der Leitung eines Vorbeters (Imām) das Pflichtgebet gemeinsam zu verrichten. Verpflichtet zu diesem Gemeinschaftsgebet sind die Männer (also nicht die Frauen und Kinder), soweit sie nicht durch einen ausreichenden Grund verhindert sind. Der Vorbeter ist kein Geistlicher oder Priester, er ist nur einer, der das Gebet vorschriftsmäßig verrichten kann. Er steht vor der Gemeinde, die seine Haltungen nachvollzieht.

Vor dem Gebet findet eine feierliche Rezitation des Korans statt. Das ist eine Art Meditation des heiligen Textes, die einen starken Eindruck auf die Gläubigen macht und sie zur besseren Andacht und zur tiefen Ergebung in den Willen Gottes hinführt.

Anläßlich des Gemeinschaftsgebets wird eine Ansprache gehalten, und zwar am Freitag vor dem Gebet, an den großen Festtagen der Fastenbrechung am Ende des Monats Ramaḍān (ʿīd al-fiṭr) und des Opferfestes (ʿīd al-aḍḥā) aber nach dem Gebet.

Da der Islam eine umfassende Lebensordnung ist und alle Bereiche, das persönliche Leben, den Bereich der Familie, der Gemeinschaft und der Gesamtgesellschaft, zu erfassen trachtet, können in der Ansprache alle Probleme religiöser, sozialer, wirtschaftlicher und politischer Natur erörtert werden, die gerade die Gemeinschaft beschäftigen oder die Interessen der islamischen Welt berühren.

Der Muslim, der sich zum Gebet hinstellt, hegt die Zuversicht, daß Gott sein Gebet erhört (vgl. 2,186), denn, so versichert der Koran, wer Gottes gedenkt, dessen gedenkt auch Gott selber (2,153). Wer betet, darf auf die Verheißung seines Lohnes im Paradies hoffen (46,16; 2,277) und die Erfüllung seiner Anliegen auf dieser Erde erwarten. Auf das Gebet der Gläubigen hin, so erklärt der Koran, „gab ihnen Gott diesseitigen und (dazu) einen schönen jenseitigen Lohn…“ (3,148; vgl. 8,2–4).

### *Das Fasten*

So wie Juden und Christen haben die Muslime die Pflicht, zu fasten (2,183). Diese Pflicht betrifft alle Gläubigen, die erwachsen, ihrer Sinne mächtig und sonst in der Lage sind, das Fasten (ṣawm) zu halten. Befreit sind menstruierende, schwangere und stillende Frauen, Kranke und Altersschwache, endlich Reisende, denen das Fasten eine ungebührliche Last ist. Säumige haben die Fasttage nachzuholen, die sie nicht eingehalten haben, und darüberhinaus Sühne zu leisten (z.B. Speisung der Armen, 2,184). Den von der Fastenpflicht Befreiten wird empfohlen, nach Möglichkeit die versäumten Fasttage nachzuholen (2,184–185).

Die Zeit des Pflichtfastens ist der Mondmonat Ramaḍān, der im Laufe der Jahre die Jahreszeiten des Sonnenkalenders durchwandert und dadurch das Fasten zu einer mehr oder weniger schweren Belastung macht. Denn der Gläubige hat sich im Monat Ramaḍān zu enthalten von Speise und Trank und von all dem, was ihnen gleichkommt bzw. ähnlich ist, von Rauchen und Geschlechtsverkehr, und dies vom Sonnenaufgang bis zum Sonnenuntergang.

Gültig ist das Fasten, wenn der Muslim seine Absicht, das vorgeschriebene Fasten zu erfüllen, jeden Tag vor Tagesanbruch formuliert. Außerdem gewinnt sein Fasten seine religiöse Tiefe erst dann, wenn er zum Fasten des Leibes die Übung verschiedener Tugenden hinzunimmt: die Zügelung der Augen, die Zügelung der Zunge (Meiden von Lüge, Verleumdung, falschem Schwur ...), die Zügelung des Ohres und das Halten der Glieder unter Kontrolle. Endlich führt das Fasten die Gläubigen zur Ausübung der Geduld und stärkt ihren Willen zur Überwindung der Widerwärtigkeiten des Lebens. Es erhöht ihre geistlichen Kräfte und macht sie fähig, Gottes Wohlgefallen zu suchen und sich in seinen Willen zu ergeben. So versteht der Koran das Fasten als einen Weg und einen Ausdruck der Frömmigkeit (2,183).

So kann man feststellen, daß die Muslime den Fastenmonat zum Anlaß nehmen, sich miteinander zu versöhnen und sich der Armen anzunehmen. Die Pflicht zu einer besonderen Spende zugunsten der Armen kommt vor allem am Ende des Monats zum Ausdruck, wenn die Gläubigen das zweitgrößte Fest des Jahres feiern: das Fest der Fastenbrechung (ʿīd al-fiṭr). Dieses Fest dauert drei Tage. Am ersten Tag haben die Muslime die Pflicht, eine besondere Abgabe zugunsten der Armen zu spenden. Höhepunkt des Festes ist ein feierliches Gemeinschaftsgebet, das nach Möglichkeit unter freiem Himmel verrichtet werden soll.

Der Fastenmonat Ramaḍān gilt im Islam als eine besonders gnadenvolle Zeit. Denn die koranische Offenbarung ist in einer seiner Nächte, der Nacht der Bestimmung (laylat al-qadr, 27.

Ramaḍān) herabgesandt worden (99,1; 44,2–5). Von dieser Nacht sagt der Koran: „Die Nacht der Bestimmung ist besser als tausend Monate. Die Engel und der Geist kommen in ihr mit der Erlaubnis ihres Herrn hinab … Sie ist voller Heil, bis die Morgenröte aufgeht" (97,3–5). Wer also die Fastenpflicht im Geiste der Buße und in Dankbarkeit für die Offenbarung des Korans erfüllt, dem werden seine Sünden und Vergehen vergeben. Muḥammad hat dazu gesagt: „Wer im ganzen Ramaḍān mit Glauben und Verantwortungsbewußtsein fastet, dem vergibt Gott seine vergangenen Sünden", „… der streift seine Sünden ab (und ist neu) wie am Tag, an dem ihn seine Mutter geboren hat." Die Muslime hören gern folgende Auszüge einer Fastenpredigt Muḥammads: „Wenn jemand im Ramaḍān eine Pflicht erfüllt, gleicht dies siebzig in anderen Monaten erfüllten Pflichten. Er ist der Monat der Geduld, und der Lohn der Geduld ist das Paradies. Er ist der Monat der Versöhnung, er ist der Monat, in dem der Lebensunterhalt des Gläubigen sich mehrt. Er ist ein Monat, dessen Beginn Barmherzigkeit, dessen Mitte Vergebung und dessen Ende Befreiung vom (Höllen)feuer ist."

Das Fasten besitzt zweifellos eine große religiöse Bedeutung im Leben der Muslime. Die Erfüllung dieser Pflicht bringt jedoch mannigfaltige Schwierigkeiten sozialer und wirtschaftlicher Natur mit sich. In den mehrheitlich islamischen Ländern spürt man dies im Bereich der Verwaltung, der Wirtschaft und der Arbeit, denn es tritt dann eine Minderung der Produktion und der Leistungsfähigkeit der Behörden ein. Im Ausland ist die Einhaltung des Fastens schwieriger, zumal die Muslime sich an den Rhythmus der Arbeitswelt anpassen müssen.

*Die Sozialsteuer*

Neben den freiwilligen Spenden zugunsten der Armen und zur Unterstützung der Gemeinschaft in der Erfüllung ihrer sozialen und caritativen Aufgaben kennt der Islam eine gesetzlich vorgeschriebene Sozialsteuer (zakāt). Das ist der Beitrag der Gläubigen zur Finanzierung der Aufgaben, die der solidarischen Gemeinschaft der Muslime und dem islamischen Staat im allgemeinen auferlegt sind (vgl. 2,43; 58,13 usw.). Der Koran findet Worte des Lobes für die Gläubigen, die bereit sind, den Armen ein Recht auf einen Teil ihres Vermögens zuzuerkennen (70,24–25; 51,6).

Wer diese Pflicht der Solidarität erfüllt, darf auf die Vergebung

Gottes und auf den Lohn der Gerechten hoffen (64,17; vgl. 92,18; 13,22–23; 2,261 ...).

Die Höhe der Sozialsteuer wird den zu versteuernden Gütern, Waren und Einkünften entsprechend festgesetzt. Was den Kreis der Bevorzugten bei der Verwendung der Sozialsteuer betrifft, so waren es zur Zeit des Propheten Muḥammad folgende Gruppen:

*9,60*

Die Almosen sind nur für die Armen und Bedürftigen (bestimmt), für diejenigen, die damit zu tun haben (= Steuerverwalter), diejenigen, die (für den Islam) gewonnen werden sollen, für (den Loskauf von) Sklaven, (für) die, die verschuldet sind, für die Sache Gottes und (für) den, der unterwegs ist. (Dies gilt) als Verpflichtung von seiten Gottes. Gott weiß Bescheid und ist weise (vgl. 4,36; 2,177.215.271.273).

*Die Wallfahrt nach Mekka*

Mit der Wallfahrt (ḥadjj) nach Mekka wird der Muslim auf die Ursprünge des Islams verwiesen und dorthin geführt, wo die koranische Offenbarung herabgesandt worden ist. Auch der Prophet Muḥammad hat diese Pflicht erfüllt und ist im Jahre 632 nach Mekka gepilgert. Die Riten, die er bei dieser Wallfahrt vollzogen hat, gelten als verpflichtend für die muslimischen Pilger aller Zeiten. Ziel der Wallfahrt ist in erster Linie die Kaʿba. Nach dem Koran wurde dieses Heiligtum von Abraham und seinem Sohn Ismael, dem Vater der Araber, zur Anbetung Gottes gebaut (2,124–129; vgl. 3,96–97). So schreibt er vor: „Und die Menschen sind gegenüber Gott verpflichtet, die Wallfahrt nach dem Haus zu machen – soweit sie dazu die Möglichkeit finden“ (3,97).

Diese Pflicht muß einmal im Leben erfüllt werden, und zwar irgendwann nach der Erreichung des Erwachsenenalters (nach der Rechtsschule des Shāfiʿī) oder so bald wie möglich (nach den drei anderen Rechtsschulen, die die Erfüllung dieser Pflicht sicherstellen wollen). Betroffen davon sind die Muslime, Männer und Frauen, die erwachsen, ihrer Sinne mächtig, frei und zur Wallfahrt aus gesundheitlichen, wirtschaftlichen, sicherheitsmäßigen und organisatorischen Gründen in der Lage sind. Wer diese Pflicht nicht erfüllt hat, hinterläßt sie wie eine Schuld den Verwaltern seines Erbes, die für diese Pflicht nun aufkommen müssen. Wer aus schwerwiegenden Gründen nicht nach Mekka pilgern kann, muß einen anderen mit der Erfüllung der Wallfahrtspflicht betrauen.

Vor dem Betreten mekkanischen Bodens muß der Pilger seine Absicht bestätigen, die vorgeschriebene Wallfahrt zu vollziehen. Dann versetzt er sich auch äußerlich in den Weihezustand, indem er Waschungen und weitere Reinigungsriten vollzieht, seine Kleider ablegt und die zwei weißen Kleiderstücke der Pilger anlegt, endlich zwei Gebetseinheiten verrichtet. Bis zum Ende der eigentlichen Wallfahrt darf der Pilger nach den Angaben des Korans selbst „keinen Umgang mit Frauen haben, keinen Frevel begehen und nicht herumstreiten" (2,197), er darf keine Jagd betreiben und das Fleisch in der Jagd erlegter Tiere nicht essen (5,1.2.95.96). Er hat auch alle Handlungen zu vermeiden, die seinen Weihezustand aufheben (andere Kleider anlegen, Haar und Nägel schneiden, sich parfümieren ...). Der Pilger darf jedoch die Pilgerkleider wechseln; er darf auch anläßlich der Wallfahrt Handelsgeschäfte abschließen (2,198).

Im heiligen Stadtgebiet Mekkas beginnt der Pilger mit dem siebenmaligen Umlauf um die Kaʿba. Er läuft so, daß die Kaʿba auf seiner linken Seite steht und daß er sich nach Möglichkeit dem Heiligtum nähert und den in einer Ecke eingemauerten schwarzen Stein küssen kann. Sollte dies wegen der Menge nicht möglich sein, so blickt er in der Richtung des Steins und zeigt auf ihn. Nach dem Umlauf um die Kaʿba, der mit bestimmten Gebeten unterstrichen wird, tut der Pilger gut daran, aus dem Wasser des Zamzam-Brunnens zu trinken. Dann läuft er eiligen Fußes zwischen den zwei Hügeln Ṣafā und Marwa dreimal hin und zurück und wieder einmal hin (2,158).

In Gruppen ziehen dann die Pilger zum Berg ʿArafa hinaus. Sie erreichen die Stadt Minā nach Sonnenuntergang. Nach Sonnenaufgang begeben sie sich zum Berg ʿArafa. Das Stehen dort ist der Höhepunkt der Wallfahrt. Der Gläubige tritt vor Gott, bekundet vor ihm seine völlige Ergebung und seinen totalen Gehorsam.

Nach Sonnenuntergang verlassen die Pilger ʿArafa wieder und ziehen nach Muzdalifa und von dort zurück nach Minā. Dort steinigen sie den Teufel symbolisch, indem sie siebzig bzw. neunundvierzig Steinchen auf drei bekannte Haufen werfen. Dann erfolgt das Schlachten von Opfertieren (Kamel, Rind, Schaf, Ziege; vgl. 22,28.30). Das ist das in der islamischen Welt gefeierte Opferfest (ʿīd al-aḍḥā), das an das Opfer Abrahams erinnern soll (vgl. 37,107; 2,124). Es findet am 10. des Monats Dhū l-Ḥidjja (Wallfahrtsmonat) statt.

Zum Schluß wird das Haar geschoren oder gestutzt (vgl. 48,2), und ein erneuter siebenmaliger Umlauf um die Kaʿba unternommen. Damit ist der Weihezustand aufgehoben und die offizielle Pflichtwallfahrt beendet.

Die Pilger pflegen noch ein paar Tage in Mekka zu privater Andachtsübung zu verweilen. Es wird auch empfohlen, auf der Rückreise noch Medina und das Grab des Propheten Muḥammad sowie Jerusalem mit dem Felsendom und der Aqṣā-Moschee zu besuchen.

Die Wallfahrt nach Mekka besitzt im religiösen Leben der Muslime eine große Bedeutung. In einem Spruch des Propheten Muḥammad, der über die besten Werke gefragt wurde, steht die Antwort: „Der Glaube an Gott und an seinen Gesandten; – der Einsatz auf dem Weg Gottes (für die Sache Gottes); – die lautere Wallfahrt." Die Wallfahrt wird auch als der Kampfeinsatz der Greisen, der Schwachen und der Frauen bezeichnet. Der Pilger darf auf die Vergebung seiner Sünden hoffen. Darüberhinaus erlebt er in einzigartiger Weise die grundsätzliche Gleichheit aller Gläubigen vor Gott und die wirksame Solidarität der gesamten islamischen Welt.

## *Moral und sittliche Grundwerte*

Die Moral bezieht sich auf die Norm des Guten. Was aber gut und was böse ist, so lehren die Ashʿariten als Vertreter der Orthodoxie, erkennt man nicht an einer internen Qualität der menschlichen Handlung oder durch die Heranziehung einer irgenwie gearteten objektiven, der Vernunft des Menschen einsichtigen Norm, sondern durch die Befragung des Willens Gottes. Denn Gott setzt in seiner unbedingten, nicht hinterfragbaren Freiheit die Normen des Guten fest. Die Vernunft hat dabei nur die Aufgabe, durch Erforschung der koranischen Offenbarung und durch ihre offizielle Interpretation in der legitimen Tradition den Willen Gottes und seine positiven Dekrete festzustellen, sie zu beschreiben und ihre praktischen Konsequenzen deutlich zu machen. Die Moral ist somit, wie die anderen positiven Bestimmungen des Islams, ein Teil des Gesetzes. Die Verantwortung des Menschen besteht vor allem darin, sich dem Willen Gottes in unbedingtem Gehorsam zu unterwerfen.

Die positive Feststellung der moralischen Normen ist keine Vergewaltigung der menschlichen Freiheit, sie ist im Verständnis des Islams eine sehr willkommene Stütze für den Menschen, der von sich aus nicht in der Lage ist, den rechten Weg zu finden (vgl. Koran 7,43). Denn der Mensch, der zwar aus der Hand seines Schöpfers als gute Schöpfung hervorgegangen ist, zeigt dennoch schlechte Eigenschaften, die ihn ohne die zuvorkommende Hilfe Gottes ins Verderben stürzen können. Der Mensch ist nämlich von Natur aus schwach (4,28), er ist unbeständig und neigt leicht zur Resignation und Verzweiflung (30,36). Unzuverlässig und kleinmütig ist der Mensch, ängstlich (70,19–20) und ungeduldig (17,11), „streitsüchtig und rechthaberisch" (36,77). Der Mensch neigt zur Ungerechtigkeit und ist unwissend (33,72). All diese schlechten Eigenschaften machen, daß „die Seele gebieterisch nach dem Bösen verlangt" (12,53). Um dem Bösen zu entrinnen, braucht der Mensch nur der Rechtleitung Gottes zu vertrauen.

Die Erfahrung lehrt aber, daß der Mensch immer wieder der Sünde verfällt. Die Geschichte der Menschheit ist vor allem die Geschichte ihres Ungehorsams und ihrer Verstockung im Bösen. Die Sünden sind jedoch nicht alle gleich schwer. Es gibt große und kleine Sünden (vgl. 53,32; 42,37; 4,31). Am schwersten sind die Sünden gegen Gott und den Glauben. Die Sünde des Unglaubens stellt sogar den Menschen außerhalb des Bereichs der Barmherzigkeit Gottes; damit ist gesagt, daß sie nicht vergeben wird (4,168; 9,80). Unglaube ist u.a. der Polytheismus (4,48.116) und der Abfall vom islamischen Glauben (4,137 usw.). Der Koran betont sogar, daß nicht einmal die Fürbitte des Propheten Muḥammad es fertigbringen kann, Gott zur Vergebung dieser Sünden zu bewegen (63,6; 9,80). Die anderen Sünden richten sich gegen das Leben der Menschen, sie vernichten es bzw. sie beeinträchtigen es schwer (Mord, Totschlag, Verletzung, Gewaltanwendung, Unzucht, Homosexualität, Ehebruch ...), oder sie tasten das Eigentum und den Ruf anderer an und fügen ihnen Schaden zu. All diese Sünden können vergeben werden, denn Gott ist bereit, alle Sünden der Menschen zu vergeben (39,53), „wem er will", sagt der Koran (2,284; 3,129 usw.). Die Vergebung der Sünden und Vergehen erfolgt aufgrund des Glaubens (vgl. 20,73; 26,51; 46,31), der treuen Gefolgschaft gegenüber dem Propheten (3,31) und der gläubigen Erfüllung der verschiedenen religiösen Pflichten (Gebet, Fasten, Sozialsteuer, Wallfahrt nach Mekka). Dazu kommt die Reue und Umkehr des Sünders (42,25; 4,17). Die Reue drückt sich in Werken der Buße und der Sühne aus, und solche Werke versöhnen ja mit Gott (5,39). So sollen die Gläubigen Reue zeigen und Buße tun (24,31; 66,8; 5,74). Sie sollen auch Gott um Vergebung bitten. All diese Punkte werden in einer Koranstelle zusammengefaßt:

*3,135–136*

Diejenigen, die, wenn sie etwas Abscheuliches getan oder (durch sündigen Lebenswandel) gegen sich selber gefrevelt haben, Gottes gedenken und (ihn) um Vergebung für ihre Schuld bitten – und wer könnte Schuld vergeben, außer Gott? – und (die) in dem, was sie getan haben, nicht beharren, wo sie wissen (daß es Sünde ist), deren Lohn besteht in der Vergebung von ihrem Herrn und in Gärten... (= Paradies).

Die Vergebung der großen Sünden beinhaltet zugleich die Verzeihung der kleineren Vergehen. Auch die Vermeidung schwerer Schuld bringt Vergebung der kleineren Sünden (53,32; 4,31), um so mehr bewirken die guten Taten Verzeihung von seiten Gottes (z.B. das Gebet: 11,114).

Die islamische Moral gründet auf sittlichen Werten und enthält Gebote und Verbote, die mit denen des biblischen Dekalogs vergleichbar sind (17,22–39; 6,151–153; 60,12). Folgende Ausführungen sind darauf angelegt, diese Parallelität deutlich zu zeigen.

Fundament der Moral und der sittlichen Werte ist der Glaube an Gott allein, der Dienst, den der Mensch Gott allein schuldet. Der Glaube und der Gehorsam drücken sich in der Erfüllung der religiösen Pflichten aus. Dem demütigen Gläubigen öffnet sich der Weg zur Vertiefung seines Glaubens (32,15). Hochmut bringt nur die Abneigung Gottes, denn er bringt den Menschen vom Glauben und vom Dienste Gottes ab (40,35). So „liebt Gott die Hochmütigen nicht“ (16,23), er wird sie im Gegenteil mit der Hölle bestrafen (16,27; 4,172–173). Der Koran verurteilt auch die Undankbarkeit, die der Mensch immer wieder an den Tag legt. Den Dankbaren wird Belohnung von Gott verheißen (3,144). Desgleichen wird versichert, daß „Gott mit denen ist, die geduldig sind“ (2,153 usw.), sie werden ihre Belohnung bei Gott finden (41,34; 29,59...).

Der Koran spricht sich gegen das leichtfertige Schwören beim Namen Gottes aus (2,224). Wer die Eide für Intrigen und ähnliche Handlungen mißbraucht, hat die Strafe Gottes zu erwarten (16,94). Geleistete Eide und unter Eid gegebene Versprechen müssen eingelöst werden (16,91; 5,98). Unbedachte Eide, die einen z. B. aus Sprachgewohnheit einfach überraschen, werden mit Nachsicht behandelt (2,225), aber man muß für sie Sühne leisten, indem man zehn Arme beköstigt oder drei Tage fastet (5,89).

Der Muslim ist gehalten, seine Eltern zu ehren, sie mit Liebe und Dankbarkeit zu behandeln und sie notfalls gut zu versorgen (2,177.271). Aber die Ehrfurcht vor den Eltern darf dem eigenen Glauben nicht abträglich sein, so darf man ihnen nicht gehorchen, wenn sie zur Aufgabe des Glaubens aufrufen und drängen (29,8; 31,15). Eine besonders schöne Koranstelle soll hier zitiert werden:

*17,23–24*

Und dein Herr hat bestimmt, daß du ihm allein dienen sollst. Und zu den Eltern (sollst) du gut sein. Wenn einer von ihnen oder (alle) beide hochbetagt geworden sind, dann darfst du nicht „Pfui!“ zu ihnen sagen, und fahr sie nicht an, sondern sprich ehrerbietig zu ihnen, und sag: Herr! Erbarme dich ihrer, wie sie mich aufgezogen haben, als ich klein war!

Der Koran tritt für den Respekt des Lebens ein und verbietet ohne Einschränkung den unberechtigten Mord (4,29.92), denn ein solcher Mord ist im Grundsatz ein Angriff auf die gesamte Menschheit und bedroht daher die Existenz aller Menschen: „Wenn einer jemanden tötet, ... so ist es so, als ob er die Menschen alle getötet hätte. Und wenn einer jemanden am Leben erhält, so ist es so, als ob er die Menschen alle am Leben erhalten hätte“ (5,32). Den Mörder erwartet der Zorn Gottes, Gott wird ihn verfluchen und der Hölle ausliefern (4,93). Außerdem gelten in diesem Falle die Bestimmungen, die das entsprechende Strafmaß festlegen und die sich am alten Prinzip des jus talionis orientieren (2,178). Siehe dazu die Ausführungen auf S. 90–91.

Zur Liebe und Sexualität nimmt der Islam eine positive, bejahende Haltung ein. Denn es gehört zu den Zeichen Gottes, „daß er euch aus euch selber Gattinnen geschaffen hat, damit ihr bei ihnen wohnet. Und er hat bewirkt, daß ihr einander in Liebe und Güte zugetan seid ...“ (30,21). So gehören Mann und Frau zueinander, sie sind füreinander eine Bekleidung (2,187), die Frauen sind die Saatfelder der Männer (2,223). Nur während der

Menstruation der Frau (2,222), in der Bußzeit des Fastens tagsüber (2,187) und bei der Wallfahrt für die Dauer des Weihezustandes (2,197) ist der Geschlechtsverkehr untersagt. Die Ehe ist der Ort, wo dieser Geschlechtsverkehr erlaubt ist (70,31), sonst muß man „so lange Enthaltsamkeit üben", bis man verheiratet (24,33) ist. Nur die Männer haben dazu die Möglichkeit, Umgang mit ihren Sklavinnen zu unterhalten (70,29–30; 23,5–6); das entsprach den alten Bestimmungen in bezug auf die Rechte des Herrn auf seine Sklaven. Sonst ist die Keuschheit Pflicht der Frauen (24,60) und auch der Männer (70,29; 23,5; 24,30). Dies bedeutet das Verbot der Unzucht (6,151; 25,64; 7,28), der Prostitution (24,33) und der Homosexualität (4,16; 7,80–81). Alle diese Sünden werden als Verbrechen betrachtet und auch entsprechend geahndet. Am schwersten gilt aber der Ehebruch, denn er verletzt die Ehre der Familie und ruft Zweifel in bezug auf die Legitimität der Kinder hervor. Zu den vorgeschriebenen Strafen s.u. S. 91–92.

Die Gerechtigkeit soll nach dem ausdrücklichen Wunsch des Korans die besondere Tugend der Muslime sein: „Ihr Gläubigen! Steht Gott gegenüber als Zeugen für die Gerechtigkeit ein! Und der Haß, den ihr gegen (gewisse) Leute hegt, soll euch ja nicht dazu bringen, daß ihr nicht gerecht seid. Seid gerecht!..." (5,8; vgl. 7,29; 49,9). So verurteilt der Koran den Betrug und die Unehrlichkeit im Geschäftsleben. Maß und Gewicht sollen sein, „wie es recht ist" (6,125). Zinsnehmen wird im Koran als Wucher bezeichnet und verboten, sonst wird den Sündern „Krieg angesagt von Gott und seinem Gesandten" (2,278–279). Das anvertraute Gut muß zur festgelegten Zeit zurückgegeben werden (70,32; 4,58). Was man versprochen hat, muß man einhalten und seine Pflichten erfüllen (2,177). Als Ausdruck der Gerechtigkeit versteht der Koran auch die rechte Behandlung der Schwachen und Schutzlosen in der Gesellschaft. Es sind vor allem die Armen und die Reisenden (30,38). Auch gegenüber friedlichen Ungläubigen gilt es, Gerechtigkeit zu üben (60,8). Die Gerechtigkeit gebietet also, den Leuten nicht das abzuzwacken, was ihnen gehört (26,183; 7,85). Ungerechtigkeiten aller Art werden vom Richter geahndet. Für den Diebstahl und die Gewalttätigkeit werden bestimmte Strafen vorgesehen (s. u. S. 92).

Der Koran legt großen Wert darauf, daß die Gläubigen „sagen, was recht ist", damit sie die Vergebung ihrer Schuld und die Gunst Gottes erfahren (33,70–71). Die Liebe zur Wahrheit verbietet, „falsches Zeugnis abzulegen" (25,72), Heuchelei zu betreiben (2,264), unaufrichtig zu sein und sich für Dinge loben zu lassen, die man nicht getan hat (3,188). Auch unbegründete Mutmaßungen und Verdächtigungen (49,12), üble Nachrede (24,19) sowie Verleumdungen (4,112) sind verboten und setzen den Sünder Gottes Strafe aus.

Außer diesen Verordnungen, die dem Inhalt des Dekalogs entsprechen, unterstreicht der Koran Tugenden, die das Leben der Gläubigen in der Gemeinschaft stützen und diese zum Vorbild für die Menschen machen (vgl. 2,143). Über diese sozialen Tugenden wird noch die Rede sein.

## *Zur Mystik im Islam*

Die Mystik ist die Suche des Menschen nach der Nähe Gottes, nach der Begegnung mit ihm bis hin zur Vereinigung mit ihm. Auch der Islam, dessen Mitte zwar die Unterwerfung vor Gott in der Haltung des Knechtes und Dieners ist, kennt die Suche nach dem Antlitz Gottes, und dies vor allem durch das Gebet und das Anrufen seines Namens (6,52; 18,28). Denn das Antlitz Gottes erfüllt das All (vgl. 2,115). „Alles ist dem Untergang geweiht, nur sein Antlitz nicht" (28,88). „Das erhabene und ehrwürdige Antlitz deines Herrn bleibt bestehen" (55,27). Aus dieser Suche hat sich eine mystische Linie entwickelt, die verschiedene Ausprägungen hervorgebracht und sehr unterschiedliche Auswirkungen gezeitigt hat.

Die Entwicklung dieser Mystik wurde durch christliche, neuplatonische, persische und indische Einflüsse gefördert, ja manchmal entscheidend geprägt. Sie blieb jedoch unverkennbar islamisch, denn sie beruft sich ausdrücklich auf den Koran und gründet auf Vorstellungen und Verhaltensweisen, die den Islam kennzeichnen. Vor allem in der ersten Periode seiner Verkündigung in Mekka betonte Muḥammad die Vergänglichkeit der Welt und die Schrecken des nahen Gerichts. Er verurteilte die Leidenschaften und die Habgier der Menschen: Die kommende Welt ist besser als diese, wiederholte er (18,48; 14,3).

Solche Mahnungen inspirierten die frühislamische Askese, die sich in erster Linie auf die gewissenhafte Erfüllung der vorgeschriebenen Pflichten stützt. Unterstrichen wird die Notwendigkeit der lauteren Gesinnung, der aufrichtigen Absicht, der ernsthaften Reue und der wirksamen Gottesfurcht. Die Beschäftigung mit der Welt ist eine verhängnisvolle Versuchung. Der Tod rückt unausweichlich näher, und bald muß der Mensch vor Gottes Gericht erscheinen. Diese weltabgewandte Haltung drückte sich vor allem in folgenden Punkten aus. Die Reinheit wurde sehr beachtet: So enthielten sich die Asketen der Speise (Blut, Schweinefleisch) und der Getränke (Wein und Alkoholika), die verboten sind; sie lehnten alles ab, was durch Unrecht und sündhaftes Verhalten erworben wurde. Die Asketen befürworteten das Fasten als Mittel, gegen die Leidenschaften und Begierden zu kämpfen, die inneren Kräfte des Geistes freizulegen und zu stärken, endlich das Gebet und die Meditation der Koranverse zu erleichtern. Dieselben Auswirkungen erhofften sich einige Asketen vom Verzicht auf Ehe und Familie. Auch diejenigen, die verheiratet waren, unterstrichen die Vorzüge des zölibatären Lebens und dagegen die Schwierigkeiten des Familienlebens: Der Verheiratete sehe seinen inneren Frieden bedroht, und die Sorgepflicht für seine Familie erschwere ihm die Suche nach Gott. Auch die Gesellschaft der Menschen und die Geschäftigkeit des Lebens in der Welt schien den Asketen ein ernstes Hindernis auf ihrem Weg zu sein. So suchten sie in der Einsamkeit die Ruhe, die ihnen die Verrichtung ihrer religiösen und asketischen Übungen erleichterte.

Im Laufe der Zeit vertiefte sich das Gefühl, daß der Asket immer weniger sich selbst und immer mehr Gott in den Mittelpunkt seiner Bemühungen stellen sollte. Es fand eine Verinnerlichung der Suche nach Gott statt. Im Vordergrund standen nun die Gottesfurcht und das Gottvertrauen. Der Mystiker tut weiterhin Buße, er läßt sich aber dadurch nicht lähmen, denn der transzendente Gott ist zugleich der barmherzige Gott, der sich den Gläubigen in Gnade zuwendet und bei dem man Geborgenheit findet. Die Mystiker verließen sich auf Gott und erfuhren dabei inneren Frieden, unerschütterliche Ruhe des Herzens und zufriedene Gelassenheit. Im praktischen Alltag führte dieses Gottvertrauen auch zu einer Haltung, die durch folgende Grundsätze gekennzeichnet ist: Gleichgültigkeit gegenüber der Gefahr, Nichterwerb, Nicht-Aufspeichern, Reisen ohne Wegzehrung, Verzicht auf Medikamente, Standhaftigkeit in der Prüfung.

Die Mystiker wurden Ṣūfī, Wollbekleidete, genannt. Sie suchten einzeln oder in Gemeinschaft die Begegnung und die Vereinigung mit Gott, und zwar, wie auch bei den Mystikern anderer Religionen, auf dem Weg der Erkenntnis und auf dem Weg der Liebe.

Die erste Stufe der Erkenntnis ist die Erkenntnis des Glaubens. Die mystische Erkenntnis steht auf der zweiten Stufe, sie ist vor allem affektiv, wenn sie von der Liebe her inspiriert ist, und intuitiv, wenn sie auf der Meditation gründet. Wenn sich der Mystiker auf Gott konzentriert, so beseitigt er alles, was zwischen ihm und Gott liegt: die Welt, die Gesellschaft und schließlich auch sich selbst, d.h. seine Eigenschaften, seinen Willen, seine Vernunft und sein Denken. Durch dieses äußerste „Entwerden" hofft der Mystiker bis zum verborgenen Geheimnis Gottes vorzustoßen und das göttliche Wesen intuitiv und direkt zu erkennen. In den Stadien seiner Meditation erlebt der Mystiker geistliche Zustände, die die unsagbare Nähe Gottes andeuten. Gott bleibt jedoch in seiner Transzendenz weiterhin „hinter dem Vorhang" (Koran 2,51). Diese unüberbrückbare Ferne Gottes und das Erwachen nach der mystischen Versenkung bereiten den Mystikern immer neue schmerzliche Erfahrungen.

Auf dem Weg der Liebe durchschreitet der Mystiker mehrere Stufen und erlebt verschiedene geistliche Zustände: die totale Konzentration des Herzens und der Gefühle auf Gott allein, das ständige Gedenken Gottes, das eine tiefe Zuneigung erzeugt; – die Sehnsucht nach Gott; – die Vertrautheit in Gottes Nähe; – die leidenschaftliche Liebe und das Erleben der göttlichen Zuwendung; – die Entwerdung, so daß Bewußtsein und Herz nur noch von Gott allein erfüllt sind; – die Vereinigung mit Gott, so daß nur noch Gott besteht und der Mystiker das Erlebnis des Aufgehens in Gott hat; – den Rausch der Vereinigung mit Gott und die Ekstase; – dann wieder das schmerzliche Erwachen und die Ernüchterung im Erlebnis der Ferne Gottes, der sich dem Mystiker entzieht; damit verbunden ist die stille Ergebung in den Willen Gottes und das Warten auf das erneute Geschenk seiner beglückenden Nähe.

Die Mystiker fanden in der islamischen Welt ein sehr unterschiedliches Echo. Politische, soziale und religiöse Gründe führten zum Konflikt zwischen den Mystikern und den Vertretern der Orthodoxie. Den Mystikern wurde vorgeworfen, sie würden den Häretikern, den Shīʿiten und aufständischen Gruppen Sympathie entgegenbringen und Unterstützung gewähren. Auch übten die Mystiker an der unwirksam gewordenen offiziellen Lehre, die sich mehr um Rechtsfragen als um die Anliegen der

Frömmigkeit kümmerte, harte Kritik. Die orthodoxen Theologen ihrerseits warfen den Mystikern vor, die Erfüllung der vorgeschriebenen religiösen Pflichten zugunsten ihrer eigenen Andachtsübungen und ihrer Meditation zu vernachlässigen und eine Art Heiligenverehrung ihrer eigenen Person zuzulassen, ihre eigenen Erlebnisse und die mystische Erkenntnis höher einzustufen als den Glauben, endlich durch ihre Betonung der Liebesvereinigung mit Gott Gott und den Menschen auf die gleiche Ebene zu stellen und damit die Transzendenz Gottes zu verleugnen. Gott bleibe, so die orthodoxe Lehre, unerreichbar und es gebe keine Gemeinschaft zwischen dem Geschöpf und dem Schöpfer, zwischen dem Knecht und dem Herrn; es gebe keine Liebe der Gleichen zwischen Gott und dem Menschen, sondern nur eine Liebe der Ungleichen: Die Liebe des Menschen bedeute Gehorsam und Ehrfurcht, die Liebe Gottes drücke seine Barmherzigkeit aus. Somit sei jeder Gefahr, den Pantheismus in den Islam hineinzutragen, vorgebeugt.

Der Theologe al-Ghazzālī (1058–1111) unternahm es, die Orthodoxie mit der Mystik zu versöhnen, indem er die Grundsätze der islamischen Lehre und die Äußerungen der Mystiker in einem abgestuften System unterbrachte. Die Mystiker dürfen die intuitive Gotteserkenntnis suchen, aber die Erkenntnis steht nicht höher als die prophetische Erkenntnis; die Liebe zu Gott ist legitim, aber sie tut der Transzendenz Gottes keinen Abbruch; der Mystiker darf seiner Meditation nachgehen, er hat jedoch die religiösen Pflichten der Gläubigen zu erfüllen.

Unter dem Druck der argwöhnischen Orthodoxie flüchteten sich die Mystiker zunehmend in esoterische Lehren für eingeweihte Kreise.

Es bildeten sich auch Bruderschaften, die sich der Pflege der mystischen Suche nach Gott widmeten.

### *Gestalt der islamischen Familie*

Der Koran tritt für ein geordnetes Geschlechts- und Familienleben ein. Er ordnet an, alle heiratsfähigen Männer und Frauen der Gemeinschaft zu verheiraten (24,32). Er zeigt sich zwar von der Ehelosigkeit der christlichen Mönche beeindruckt, führt jedoch diese Lebensweise auf die eigene Initiative der Frommen, nicht aber auf eine Anweisung Gottes oder Christi zurück; im übrigen meint er, daß die Mönche sie nicht so recht eingehalten haben (57,27). Auch Muḥammad, so die Angaben der Tradition, habe sich gegen den Zölibat und für die Ehe ausgesprochen.

Die Familie hat im Islam ihre in Altarabien herrschende patriarchalische Gestalt beibehalten. Der Mann ist Vorstand des Haushaltes, Hausvater und Vertreter der Familie im öffentlichen Leben. Er ergreift die Initiative bei der Brautsuche und hat die Mittel zusammenzubringen, die eine Eheschließung ermöglichen und das Leben der Familie später sichern. Er besitzt das Recht, ohne gerichtliche Feststellung seine Frau bzw. eine seiner Frauen zu entlassen. Er ist aber auch der Beschützer seiner Frau(en) und seiner Familie.

Der Koran erlaubt die Polygamie und hat die Zahl der legitimen Frauen, die ein Mann gleichzeitig heiraten darf, auf vier beschränkt (4,3). Er bestimmt jedoch, daß der Mann dann seine Frauen alle gleich und gerecht zu behandeln hat. Die Vorschrift bezieht sich auf das Eheleben, die Unterbringung und den Lebensunterhalt. Sollte aus irgendeinem Grund diese gerechte Behandlung der Frauen nicht zu verwirklichen sein, so darf der muslimische Mann nur eine Frau auf einmal heiraten. Unbenommen bleibt ihm das Recht des Herrn, sich uneingeschränkt Konkubinen aus den Reihen seiner Sklavinnen zu nehmen (4,3). In einem späteren Vers derselben Sure 4,129 stellt der Koran doch wieder fest: „Und ihr werdet die Frauen nicht (wirklich) gerecht behandeln können, ihr mögt noch so sehr darauf aus sein..." In dieser Anmerkung sehen die Muslime heute einen Hinweis auf die Bevorzugung der Einehe durch den Koran, ohne daß dadurch der Grundsatz der Polygamie aufgegeben wird.

Die Ehehindernisse rühren hauptsächlich aus den Verwandtschaftsverhältnissen her. Ein Muslim darf also Verwandte nicht heiraten: Mutter, Tochter, Schwester, Tante, Nichte, Nährmutter, Schwiegermutter, Stieftochter von Frauen, mit denen der Geschlechtsverkehr schon vollzogen wurde, Schwiegertochter, Schwester der eigenen Frauen (4,22–23). Mit Polytheisten darf der Muslim bzw. die Muslimin die Ehe nicht eingehen, und dies wegen der Unvereinbarkeit zwischen dem Islam und dem Unglauben der Polytheisten (2,221; 60,10). Eine muslimische Frau, so die traditionelle Lehre, darf auch keinen Christen und keinen Juden heiraten, um ihren Glauben nicht zu gefährden, da ja der Mann über seine Frau wacht und die Gestalt des Familienlebens bestimmt. Darüberhinaus wird als unannehmbar betrachtet, daß die Kinder der muslimischen Frau dem Glauben des nichtmuslimischen Vaters folgen. Die Ehe einer muslimischen Frau mit einem Christen muß daher sofort für ungültig erklärt und geschieden werden, die Frau muß sich unverzüglich vom Mann trennen oder sie muß umgehend durch Intervention des Gerichts von ihm getrennt werden, es sei denn, der Mann tritt zum Islam über, dann wird die Ehe als gültig erklärt und bestätigt. Ein muslimischer Mann darf ohne weiteres eine Christin oder eine Jüdin heiraten und die Ehe vor dem muslimischen Standesbeamten schließen (5,5). In diesem Fall sieht der Islam keine Gefährdung des Glaubens des Mannes als gegeben an.

Der Koran erwähnt nur das Recht des Mannes, seine Frau zu entlassen. Er verfügt jedoch Maßnahmen, die die Frau vor leichtfertiger Entlassung und vor Armut und Elend schützen sollen. Der Ehemann muß dreimal ausdrücklich erklären, daß er seine Frau entläßt, erst dann ist die Scheidung rechtskräftig. In diesem Fall muß er die entlassene Frau noch für eine bestimmte Frist im Hause behalten, damit eine eventuelle Schwangerschaft (2,228; 65,1) und die daraus entstehenden Pflichten des Mannes festgestellt werden können. Wenn die Entlassung erfolgt, muß der Mann die Frau finanziell so ausstatten, daß sie mit Anstand leben kann (2,241).

Will der Mann die Scheidung rückgängig machen, muß die Frau zunächst einmal eine Zwischenehe mit einem anderen Mann eingehen, bevor sie noch einmal entlassen wird und zu ihrem ersten Ehepartner zurückkehren und ihn wieder heiraten darf (2,229–230).

Was das Recht der Frau selbst betrifft, die Scheidung zu bewirken, so wird ihr diese Möglichkeit zuerkannt, wenn sie dies ausdrücklich im Ehevertrag hat bestätigen lassen.

Zur Stellung der Frau in der Gesellschaft kann man kurz folgendes ausführen. In der islamischen Familie steht der Mann nach dem Koran (2,228) eine Stufe höher als die Frau, und dies aufgrund einer natürlichen Auszeichnung von seiten Gottes und wegen der Pflichten, die er gegenüber den Frauen und den Kindern zu übernehmen und zu erfüllen hat (4,34). So ist der Mann das Haupt der Familie und darf von seinen Frauen Gehorsam verlangen. Wenn diese sich auflehnen, dann darf der Mann sie ermahnen und auch im Eheverkehr und durch Züchtigung und Schläge bestrafen (4,34). Der Mann darf jedoch nicht seine Frau wie sein Eigentum behandeln und sie, wie in Altarabien, zu seiner Erbmasse rechnen (4,19). Diese Rangordnung zwischen Mann und Frau bedeutet jedoch nicht, daß das Eheleben in der islamischen Familie unerträglich ist. Grundsätzlich ist das Eheleben der Ausdruck gegenseitiger Liebe und Zuneigung, und gerade dies wird im Koran als ein Zeichen Gottes, ein Zeichen seiner Vorsehung und seiner Barmherzigkeit gegenüber den Menschen verstanden (30,21). So stehen den Frauen im großen und ganzen in der Ehe dieselben Rechte wie den Männern zu (2,228). Wenn der Umgang der Eheleute so „in rechtlicher Weise" (2,228; 4,19) erfolgt, dann werden die Männer sich reiflich überlegen, ob sie ihre Frauen in Stunden des Zorns leichtfertig entlassen: „Vielleicht ist euch etwas zuwider, während Gott viel Gutes in es hineinlegt" (4,19).

In der Gesellschaft hat die islamische Frau nach dem Verständnis der Tradition ihre vornehmste Aufgabe darin, die Partnerin des Mannes, die gute Hausfrau, die Mutter und Erzieherin der Kinder zu sein. Nur in ihrem Haus und vor ihren nächsten Angehörigen darf sie sich frei bewegen (24,31; 4,34). Draußen und vor unbefugten Augen hat sie ihre Reize zu bedecken, um sich keinen Belästigungen auszusetzen. Dies erklärt die Sitte, daß die Frauen verschleiert ausgehen. Im Zusammenhang mit dieser Auffassung steht die geringe Rolle im öffentlichen Leben, die die Tradition der Frau zugedacht hat.

Restaurative Strömungen in den Kreisen der aktiven Traditionalisten und der kämpferischen Fundamentalisten setzen heute ihren Einfluß ein, um diese geschichtsbedingten Vorstellungen und die Sitten und Bräuche, die in der Vergangenheit hier und da entwickelt und befolgt wurden, wiederherzustellen und für alle verpflichtend zu machen. Dagegen kämpfen nicht nur verschiedene Frauenbewegungen in der islamischen Welt an, sondern auch all diejenigen, die eine aktive Rolle der Frau in der Gestaltung des sozialen und politischen Lebens als angemessen und unentbehrlich betrachten und daher eine breitere Beteiligung der Frauen am Leben der Gesellschaft fordern.

### *Die islamische Gemeinschaft*

Der Koran bezeichnet die islamische Gemeinschaft als die „beste Gemeinschaft" in der Welt, weil sie das Gute gebietet und das

Böse verbietet, an Gott glaubt und seine Befehle befolgt (vgl. 3,110). In ihrer idealen Gestalt ist sie im sozialen wie im politischen Bereich eine solidarische, auf Gerechtigkeit bedachte und egalitäre, nicht hierarchisch strukturierte Gemeinschaft.

Die Solidarität der Muslime gründet auf der Feststellung und der Verordnung, daß „die Gläubigen zueinander gehören" (4,25). Sie „sind Brüder" (49,10), sie sind untereinander Freunde (9,71). Das Band ihrer Einheit, das Fundament ihrer Brüderlichkeit und die Grundlage ihrer Solidarität ist nicht mehr wie in früheren Zeiten die Blutsverwandtschaft und die gleiche Stammeszugehörigkeit, sondern der gemeinsame Glaube. Durch diesen Glauben sind sie von Feinden zu Freunden, ja zu Brüdern geworden (3,103). Das will besagen, daß jenseits aller Nationalismen und aller verschiedenen Interessen der Gruppen, der Völker und der Staaten die Muslime sich zu einem Universalismus des Islams bekennen, der im Endeffekt für sie wichtiger als alle Partikularismen ist. Die Einheit des Islams wiegt viel schwerer als die separatistischen Bewegungen einiger Gruppen. In Zeiten der religiösen Not fühlt sich die gesamte islamische Welt immer wieder aufgerufen, die Interessen des gemeinsamen Glaubens zu wahren und zu verteidigen.

Im sozialen Bereich zeigt sich die Solidarität der Muslime in verschiedenen Verhaltensweisen. Solidarität bedeutet zunächst einmal, daß man den anderen, vor allem den Armen, das Recht einräumt, am eigenen Vermögen Anteil zu erhalten und deswegen unter anderem die Sozialsteuer entrichtet (70,24–25; 51,19). Aber auch persönlich bemühen sich die Gläubigen um die Schwachen, um die Armen und Waisen, sie versorgen sie und geben ihnen Essen und sonstige Unterstützung (107,1–2; 89,17–19 ...). Eher als die strenge Befolgung ritueller Vorschriften ist diese Zuwendung zu den Armen ein vorzügliches Zeichen der echten Frömmigkeit (2,177).

Solidarität und Brüderlichkeit empfehlen den Gläubigen, „untereinander Großmut walten" zu lassen (2,237). Dieser Großmut veranlaßt die Gläubigen, den verletzenden Spott zu vermeiden (44,11; 49,1), selbst erlittene Verletzungen nicht nach strengem Recht zu vergelten, sondern zu vergeben. Denn auch wenn der Gläubige das Recht hat, Böses mit Bösem zu vergelten, besser bleibt auf jeden Fall die Verzeihung (16,126; 1,149). Gott verzeiht dem, der selber den anderen verzeiht (24,22; 64,14). Noch mehr, auch in Todesfällen, wo den Gläubigen zugestanden wird, den Mörder zu töten und Blutrache zu üben, empfiehlt der Koran, darauf zu verzichten und sich mit einer Wiedergutmachung in Form eines Blutgeldes zu begnügen (2,178). Die beste Form der Bereitschaft zur Versöhnung ist wohl, daß der Gläubige das Böse mit Gutem vergilt, denn damit kann er seinen Widersacher zu einem Freund machen (41,34; 23,96; 13,22). Die Brüderlichkeit der Muslime verpflichtet sie auch, zwischen streitenden Parteien Frieden zu stiften, notfalls durch die Niederkämpfung der Partei, die ungerechterweise die andere angreift und ihr Gewalt antut (49,9).

Neben der Solidarität besteht die Gerechtigkeit als die zweite Hauptstütze der islamischen Gemeinschaft. Um diese Gerechtigkeit für alle Mitglieder der Gemeinschaft gelten zu lassen, hat das islamische Gesetz eine genaue Liste der Verbrechen und Vergehen, die gegen das Recht anderer verstoßen und somit eine entsprechende Strafe nach sich ziehen. Darüber wird noch unter dem Titel: Rechtsprechung und Strafrecht berichtet.

Das dritte Hauptmerkmal der islamischen Gemeinschaft zeichnet diese aus als eine egalitäre, nicht hierarchisch strukturierte Gemeinschaft, in der also alle Mitglieder gleichgestellt sind und alle Ämter, mit Ausnahme des höchsten Amtes der Führung der gesamten Gemeinschaft (Khalifat) allen dazu fähigen Gläubigen (genauer: gläubigen Männern) zugänglich sind.

## *Der islamische Staat*

Die islamische Gemeinschaft als politisches Gebilde steht unter dem Gesetz Gottes, das als Richtschnur der Tätigkeit der Regierung und als Maßstab zur Bestätigung ihrer Autorität oder zur Verurteilung ihrer Willkür dient. Das Gesetz des Korans ist auch die Grundlage der Rechtsprechung und der Ausübung der öffentlichen Ämter. Aufgrund dieser Bindung des politischen Lebens in der islamischen Gesellschaft an das von Gott in seiner Offenbarung erlassene Gesetz wird der islamische Staat als Theokratie bezeichnet.

Ziel der politischen Struktur des islamischen Staates ist, die Rechte Gottes zur Geltung zu bringen und die Rechte und Interessen der Muslime zu sichern, aber auch von Untertanen Gehorsam gegen das Gesetz Gottes zu fordern und dies auch im praktischen Leben durchzusetzen. Den Regierenden ist Autorität und

Vollmacht gegeben, um die Herrschaft Gottes und die Vorherrschaft des Islams zu festigen und auszudehnen.

An der Spitze des islamischen Staates steht der Khalif, der Imām oder der Sulṭān, je nach dem jeweiligen Sprachgebrauch und je nach der geschichtlichen Epoche und Situation. Zum Amt des Khalifen im engen Sinn des Wortes wären besondere Ausführungen nötig, um die genauen Voraussetzungen zu erwähnen, die mit diesem höchsten Amt verbunden sind. Es sollen hier jedoch nur die allgemeinen Bestimmungen erörtert werden, die mit der Leitung des islamischen Staates zusammenhängen.

Grundsätzlich darf der Regierungschef eines islamischen Staates den Anspruch auf den Gehorsam der Gläubigen und die Loyalität aller Untertanen erheben. Er muß aber selbst bestimmte Bedingungen erfüllen, um dem Staat vorstehen und die Gläubigen führen zu können. Er muß vor allem die Vorschriften des Korans und die gesetzlichen Verordnungen kennen oder sich dieses Wissen bei fachkundigen Rechtsgelehrten holen. Aber auch bei den verschiedenen Entscheidungen, die das Leben und die Interessen der Gemeinschaft betreffen, ist der Regierungschef verpflichtet, andere Mitglieder der Gemeinschaft zu Rate zu ziehen (vgl. 3,159; 42,39). Der Koran präzisiert nicht, wie er sich diese Beratung vorstellt, und schreibt daher keine näher bestimmte Staatsform vor. Jede Staatsform, die mit den Grundsätzen des Korans vereinbar ist und sich bereit erklärt, das koranische Gesetz und die von der Tradition festgesetzten Bestimmungen anzuwenden, ist denkbar und annehmbar.

Zur Unterstützung der Regierung (Exekutive) bestehen im islamischen Staat verschiedene Ämter. Die wichtigsten sind der Marktüberwacher, der für ein geordnetes wirtschaftliches Leben sorgt, die Polizei, der Rechtsgelehrte und der Richter.

Der Rechtsgelehrte berät die Regierung in Fragen, die mit der legislativen Funktion zusammenhängen. Die Rolle der Legislative übernimmt, wie schon erwähnt, das koranische Gesetz und der von der Tradition gezeichnete Weg. Der Rechtsgelehrte (faqīh; ʿālim, pl. ʿulāmāʾ) kennt eben dieses Gesetz und diesen Weg und besitzt zudem die Urteilskraft, Möglichkeit und Modalität der Anwendung dieses Gesetzes auf die konkreten Fälle zu erkennen und offiziell festzustellen. Die Richter und die einzelnen Gläubigen holen verschiedene Rechtsgutachten (fatwā) beim beamteten Rechtsgelehrten (muftī) ein.

Die Rechtsprechung liegt in der Zuständigkeit des Richters (qāḍī). Die islamische Tradition kennt eigentlich nur den Einzelrichter. In seinem Urteil stützt sich der Richter auf das Rechtsgutachten des Rechtsgelehrten. Er stellt den Tatbestand aufgrund glaubwürdiger Aussagen von Zeugen oder des Geständnisses des Angeklagten selber fest. Sein Urteil stellt das Recht wieder her; die rechthabende Partei bekommt das zurück, worauf sie legitim Anspruch erhebt. Auch in den Anliegen der Nicht-Muslime kann der muslimische Richter angerufen werden, dann muß er nach den Bestimmungen des islamischen Gesetzes das Recht sprechen.

In Strafsachen orientiert er sich an den Angaben des Korans und den Regeln, die in der Tradition festgelegt wurden. So gibt es eine Kategorie von Straftaten, die besonders schwer sind und die vom Koran als Verbrechen bezeichnet werden. Für diese Verbrechen sind besonders harte Strafen vorgesehen. Wenn das koranische Gesetz eine bestimmte Strafe für ein Verbrechen festlegt, dann muß die Strafe verhängt und vollzogen werden, und es steht dem Richter und dem Staat nicht zu, sie dem Schuldigen zu erlassen. Manchmal sieht der Koran vor, daß eine verhängte Strafe auf Wunsch der Person, der Recht gesprochen bzw. erkannt wird, umgewandelt, vermindert oder gar erlassen wird. Manchmal gibt es Strafen, die im Ermessen des Richters selbst liegen. Im folgenden sollen einige schwerwiegende Verbrechen und deren entsprechende Strafen erwähnt werden.

1. Der Abfall vom Glauben kann im Islam nicht durch Berufung auf die Religionsfreiheit geduldet werden. Wer einmal Muslim geworden ist, hat kein Recht mehr darauf, seinen Glauben wieder abzulegen, denn er würde sich damit aus dem Bereich der Barmherzigkeit Gottes ausschließen, seine Werke würden wertlos werden wie die der Ungläubigen, und er hätte im Jenseits die Höllenstrafe zu erwarten. Der Koran sieht allerdings nur im Falle der Heuchler, die als Gefahr für die Gemeinschaft gelten, die Regelung vor, daß die Gläubigen sie, wenn sie sich abwenden, ergreifen und töten sollen (4,88–89). Die Rechtsgelehrten wenden diese Regelung auf den Abfall vom Glauben allgemein an und setzen dafür die Todesstrafe fest. Muḥammad habe im übrigen selbst gesagt: „Wer seine Religion wechselt, den tötet!"

2. Der Koran hält das Leben des Menschen für unantastbar

und verbietet den Mord. Der Mörder wird der Vergeltung durch die Verwandten des Ermordeten freigegeben, jedoch erst nach Feststellung des Tatbestandes durch den Richter oder seinen Stellvertreter. Das Strafmaß entspricht der Straftat selbst: Der Mörder erleidet die Todesstrafe. Diese Strafe trifft jedoch nur den Täter selbst, nicht seine Familie, seine Sippe oder seinen Stamm. Die Angehörigen des Ermordeten dürfen von ihrem strikten Recht ablassen (dies gilt als Erleichterung des strengen jus talionis) und Blutgeld verlangen (2,178). Der Richter oder die Regierung darf in diesem Fall den Angehörigen ihre Entscheidung nicht diktieren. Nur im Falle des Verzichtes auf die Hinrichtung des Mörders von seiten der Verwandten, darf die Regierung gefährliche Mörder weiterhin festhalten und unter Arrest stellen.

Im Falle eines aus Versehen verübten Totschlags darf der Täter nicht mit dem Tod bestraft werden. Er muß für seine Tat Sühne leisten: Blutgeld, Befreiung eines Sklaven oder Fasten während zwei aufeinanderfolgender Monate (4,92). Bei Verletzungen und ähnlichen Vergehen kommt wiederum das jus talionis zur Anwendung: Auge um Auge usw. Der Verletzte darf jedoch auf die Bestrafung des Täters verzichten und dafür eine Entschädigung verlangen, deren Höhe in den Gesetzbüchern festgesetzt wird. In diesem Zusammenhang verbietet der Koran die Gewalttätigkeit. Es lohnt sich hier, den koranischen Text im Wortlaut zu zitieren, und dies wegen seiner heute geläufigen Anwendung in manchen islamischen Staaten (vermutlich auch bei politischen Prozessen): „Der Lohn derer, die gegen Gott und seinen Gesandten Krieg führen und überall im Land eifrig auf Unheil bedacht sind, soll darin bestehen, daß sie umgebracht oder gekreuzigt werden oder daß ihnen wechselweise (rechts und links) Hand und Fuß abgehauen wird oder daß sie des Landes verwiesen werden ..." (5,33). Die Rechtslehre des Islams hat aus diesem Vers folgende Konsequenz gezogen. Gewalttäter, wie Räuber und ähnliche Personen, die einen Mord begangen haben, werden hingerichtet. Wenn sie gemordet und geraubt haben, werden sie gekreuzigt und getötet (die Rechtsgelehrten sind sich jedoch über die Kreuzigung nicht einig). Wenn sie nur rauben, ohne zu morden, so werden ihnen wechselweise Hand und Fuß (d.h. rechte Hand und linker Fuß) abgehauen. Wenn sie die Menschen nur terrorisiert haben, ohne zu morden und ohne zu rauben, so werden sie in die Verbannung geschickt oder, nach einigen

Rechtsgelehrten, ins Gefängnis geworfen. Nur wer in Reue umkehrt, bevor der Richter den Tatbestand festgestellt und das Strafmaß verhängt hat, kann der Strafe entkommen. Er muß jedoch die legitimen Forderungen der von ihm Beschädigten erfüllen. Er hat Wiedergutmachung zu leisten, und er wird, wenn er gemordet hat, der Strafe für Mord ausgesetzt, d. h., er wird hingerichtet, oder es wird nach Wunsch der Angehörigen ihm verziehen und von ihm ein Blutgeld verlangt.

3. Der Koran verurteilt die Unzucht, den Ehebruch, die Homosexualität und die Prostitution. Sexuelle Verbrechen werden hart bestraft.

Die Strafe der Unzucht für Unverheiratete, ob Mann oder Frau, wird im Koran auf hundert Peitschenhiebe festgesetzt. Außerdem darf ein solcher Mann bzw. eine solche Frau keinen guten und gläubigen Partner mehr heiraten (24,2–3).

Die Strafe für den Ehebruch wird erst verhängt, wenn das Verbrechen festgestellt wurde. Der Tatbestand wird durch die Aussage von vier glaubwürdigen Zeugen oder durch das Geständnis des Täters bestätigt. Wenn es aber der Ehemann selbst ist, der seine Frau des Ehebruchs bezichtigt, so braucht er keine zusätzlichen Zeugen heranzuziehen, die seine Aussage bestätigen. Er muß seine Beschuldigung viermal wiederholen und sich beim fünften Mal dem Fluch Gottes ausliefern, falls er lügen sollte. Die beschuldigte Frau kann aber auch vor dem Richter die Vorwürfe zurückweisen, indem sie ihre Unschuld viermal beteuert und sich beim fünftenmal dem Fluch Gottes aussetzt, falls ihr Ehemann recht haben sollte.

Die Rechtsgelehrten bemerken dazu, daß eigentlich nur durch Geständnis des Sünders eine einwandfreie Feststellung des Verbrechens möglich ist. Denn es wird von den Zeugen verlangt, daß sie nur über das aussagen, was sie tatsächlich gesehen haben, was im Fall des Ehebruchs ziemlich undenkbar, wenn nicht unmöglich ist. Man berichtet auch, daß der Prophet Muḥammad selbst nur das Geständnis des Sünders als ausreichenden Beweis akzeptierte und daß er auch im Fall eines geständigen Schuldigen diesen immer wieder nach Umständen fragte, die zu einem eventuellen Freispruch führen könnten.

Wird aber der Ehebruch festgestellt, so steht darauf die Todesstrafe. Dies habe Muḥammad selbst festgesetzt. Wenn aber die Frau nur durch das Zeugnis von vier Zeugen belastet wird, so bestimmt der Koran, diese im Haus festzuhalten, „bis der Tod sie abberuft oder Gott ihr eine Möglichkeit schafft (ins normale Leben) zurückzukehren", z. B. dadurch, daß sich das Zeugnis als falsch erweist (4,15).

Die Homosexualität wird nach einigen Rechtsgelehrten wie die Unzucht bzw. der Ehebruch bestraft. Andere Rechtsgelehrte meinen, der jeweilige Richter dürfe die Strafe verhängen, die er für angebracht hält, um das allgemeine Wohl zu fördern und die Menschen von diesem abscheulichen Verbrechen abzuhalten. Andere endlich sprechen sich für die Hinrichtung der beiden Schuldigen aus.

Der Koran hat auch die Strafe festgesetzt, die solche Zeugen treffen soll, die falsche Beschuldigungen gegen gläubige Ehefrauen erheben und sie in Verruf bringen. Man muß „ihnen achtzig Peitschenhiebe verabreichen und niemehr eine Zeugenaussage von ihnen abnehmen" (24,4). Die Rechtsgelehrten bemerken dazu, daß dies auch das Zeugnis betrifft, durch das gläubige Ehemänner beschuldigt werden. Es spielt also in diesem Fall keine Rolle, ob die Zeugen oder die Beschuldigten Männer oder Frauen sind. Voraussetzung für die Verhängung der Strafe gegen die falschen Zeugen ist, daß die falsch beschuldigte Person Muslim, erwachsen, ihrer Sinne mächtig und frei ist und sich bislang keiner Unzucht schuldig gemacht hat.

4. Der Koran betont die zentrale Bedeutung der Gerechtigkeit und erhebt sie zu einer besonderen Tugend der Muslime. Die Strafe des Raubmordes und des gewaltsamen Raubes wurde oben schon erwähnt. Der einfache Diebstahl wird durch Abhacken der Hand geahndet (5,38), wenn folgende Bedingungen erfüllt sind: daß der Dieb erwachsen und seiner Sinne mächtig ist (das Kind wird nur gezüchtigt, und sein Vormund ist gehalten, Wiedergutmachung zu leisten); daß der Dieb das nimmt, woran er keinen Anteil bzw. worauf er kein Teilrecht hat (die Veruntreuung gemeinsamer Güter wird durch andere Strafen geahndet); daß der Dieb gut erkennbares und behütetes Gut stiehlt (also nicht Fundsachen, Obst von Bäumen, die nicht umzäunt sind, usw.); daß die gestohlene Menge erheblich ist, d. h. nach der Tradition mindestens ein Viertel Dinar erreicht, und tatsächlich weggenommen wurde (sonst reicht eine Züchtigungs- bzw. Gefängnisstrafe aus); endlich, daß der Diebstahl nicht aus Not wie z. B. aus Hunger begangen wurde (in diesem Fall reicht eine mildere Strafe aus).

5. Der Koran legt größten Wert auf die Solidarität der islami-

schen Gemeinschaft. Die Gläubigen sollen „zur Aussöhnung zwischen den (streitenden) Parteien auffordern". „Wenn aber die eine der anderen (immer noch) Gewalt antut, dann kämpft gegen diejenige, die gewalttätig ist, bis sie dann wieder einlenkt und sich der Entscheidung Gottes fügt!..." (49,9).

6. Das Gesetz enthält auch Bestimmungen über die für einige Vergehen zu verhängenden Strafen. Für die Übertretung des Weinverbots z.B. sind vierzig Peitschenhiebe vorgesehen. Die Strafe kann aber auch bis zu achtzig Hiebe erhöht werden. Wenn in der Tradition des Propheten Muḥammad und seiner ersten Nachfolger nichts bestimmt wurde, so ist es dem jeweiligen Richter überlassen, in seinem freien Ermessen das angebrachte Strafmaß festzulegen. Er muß dabei die Natur des Vergehens und den Zweck der Bestrafung (Besserung des Schuldigen und Abschreckung anderer Täter) berücksichtigen.

Manche Bestimmungen des islamischen Strafgesetzes mögen hart und nicht mehr zeitgemäß erscheinen. Für den gläubigen Muslim sind sie oft Bestandteil seiner Religion, und er weiß nichts Besseres, als den Verordnungen dieses Gesetzes zu folgen. „Dieser Koran leitet zu dem, was richtiger ist" (17,9). Das gilt für den Muslim, auch wenn er nicht immer imstande ist, das Gute in den erlassenen Vorschriften und Verordnungen unmittelbar zu erkennen. Er hat auf Gottes Weisheit und Barmherzigkeit zu vertrauen, der seine Befehle der schwachen Natur des Menschen angepaßt und als Hilfe zur Sicherung der heilsamen Rechtleitung der Gemeinschaft erlassen hat. Der gläubige Muslim muß an folgende Ermahnung des Korans immer wieder denken: „Vielleicht ist euch etwas zuwider, während es gut für euch ist, und vielleicht liebt ihr etwas, während es schlecht für euch ist" (2,216). So heißt die endgültige Anweisung: „Fürchtet Gott, ... hört und seid gehorsam!" (64,16).

## *Grundlagen der Wirtschaftsordnung*

In den ersten Etappen seines prophetischen Auftretens in Mekka betonte Muḥammad die Vergänglichkeit dieser Welt und geißelte die Habgier seiner Landsleute: „Ihr liebt Hab und Gut über alles" (89,20). Er weist sie darauf hin, daß die kommende Welt besser und beständiger ist (u.a. 8,16–17; 14,3). Der irdische Reichtum ist eine Versuchung, der viele erliegen und die sie der Strafe

Gottes aussetzt (vgl. 64,15–16; 11,15–16). Der Reiche wird übermütig und lehnt sich gegen Gott auf, er vertraut auf sein Geld und verläßt sich auf sein Vermögen; er hat ein bitteres Ende zu erwarten (92,8–11; 96,6–7; 104,1–4; 3,10).

Nach der Auswanderung nach Medina und den ersten Erfolgen gegen seine Widersacher wertete Muḥammad die Kriegsbeute als Belohnung der Gläubigen für ihren Einsatz und ihren Glauben (vgl. 48,20). Aber auch in dieser Periode betont der Prophet den nur relativen Wert des Reichtums. Die Gläubigen haben ein legitimes Recht auf Eigentum, aber sie dürfen deswegen nicht das Jenseits vergessen (8,67). Sie dürfen vor allem nicht bei der Suche nach den „Gütern des diesseitigen Lebens" den Menschen Unrecht antun (4,94).

So wird das Recht auf Privateigentum im Islam bejaht. Dieses Recht ist jedoch nicht absolut, es hat seine Grenzen dort, wo die Rechte Gottes und die Rechte der anderen innerhalb der solidarischen Gemeinschaft bestehen. Denn Gott hat den Menschen Reichtum und Eigentum gegeben, um sie auf die Probe zu stellen (18,7), d.h. um festzustellen, ob sie damit richtig umgehen und ihr Vermögen richtig einsetzen. Die legitime Verwendung des Reichtums bezieht sich nicht nur auf den eigenen Lebensunterhalt und den der eigenen Familie, sondern auch auf die Pflichtspenden für die Sache Gottes (u.a. 47,38) und auf die Sozialsteuer zugunsten der caritativen und öffentlichen Aufgaben (2,43; 58,13). In diesem Zusammenhang erinnert der Koran die Gläubigen daran, daß sie nur von dem spenden, was Gott ihnen erst beschert hat (14,31; 2,3.154). Reichtum und Vermögen sind also den Menschen anvertraut, damit sie ihre Pflichten erfüllen.

Der freudige Spender darf erwarten, daß Gott ihm Wohlwollen zeigt, Vergebung und Belohnung zusichert (64,17; 57,18; 9,99; – 7,150). Der Koran erteilt Ratschläge über die Art und Weise, wie der Gläubige seine Spenden geben soll. Er soll geben um Gottes willen (2,264; 4,38) und dabei die goldene Mitte zwischen Verschwendung und Geiz halten (25,67).

Das Eigentum wird als gerecht und legitim betrachtet, wenn es mit legitimen Mitteln erworben wurde. Diese Mittel sind Erbschaft, Kauf, Kriegsbeute, vor allem aber die Arbeit. Der Koran bejaht die Haltung derer, „die im Land (draußen) unterwegs sind im Verlangen danach, daß Gott ihnen Gunst erweise..." (73,20). Auch habe Muḥammad gesagt: „Keiner hat je eine bessere Nahrung gegessen, als wenn er vom Werk seiner Hand ißt" (bei

Bukhārī). Die islamische Tradition hat eine ausgeprägte Abneigung gegen den Erwerb von Eigentum bzw. Geld entwickelt, der ohne persönliche Beteiligung des Menschen erfolgt. So findet man bei einigen Rechtsgelehrten Vorbehalte sogar gegen die Verpachtung von Ländereien, da der Eigentümer nicht selbst mitarbeitet. Deutlich wird diese Tendenz im Verbot des Zinsnehmens. Abgesehen vom Fehlen der eigenen Beteiligung verstößt das Zinsnehmen gegen die Brüderlichkeit. So bezeichnet es der Koran als Wucher und schreibt vor, es abzuschaffen bzw. zu unterlassen: „... Laßt künftig das Zinsnehmen bleiben ..." (2,278; 3,130). Was das Bankwesen anbelangt, so versuchen islamische Gruppen, die Idee von einer Bank ohne Zinsen zu propagieren. Das islamische Bankwesen gründet nicht auf dem Prinzip des Spar- und Kreditzinses für die Kundschaft, sondern auf der Geschäftsbeteiligung. Damit wird die Gefahr des „Wuchers" im koranischen Sinne eher gemieden und die brüderliche Solidarität der Gläubigen unterstrichen.

6. KAPITEL

# Der Anspruch des Islams

Der Islam erhebt den Anspruch, alle Bereiche des persönlichen, des sozialen und des politischen Lebens in eine dem Gesetz Gottes unterworfene Gemeinschaft und in einen theokratisch geführten Staat einzubinden. Dieser Totalitätsanspruch richtet sich nicht nur an die gläubigen Muslime, sondern an alle Menschen, denn alle sind zum islamischen Glauben und zum islamischen Gehorsam aufgerufen. Um diesem umfassenden und universalen Anspruch zu genügen, hat der Islam eine bestimmte Sicht der Welt und ein bestimmtes Verständnis seines Missionsauftrags und seiner entsprechenden Beziehungen zu den Nicht-Muslimen entwickelt.

## *Weltverständnis des Islams*

Die Welt ist für den Koran grundsätzlich die gute Schöpfung Gottes. Denn Gott, der „beste Schöpfer" (37,125), hat „Himmel und Erde, und was dazwischen ist, nicht zum Zeitvertreib geschaffen, sondern in allem Ernst, ihrer eigenen Wahrheit gemäß" (44,38–39; vgl. 29,44). „Er hat alles, was er geschaffen, gut gemacht" (32,7). Er hat „alles gut geordnet" (27,7). Diese gute Ordnung dient dem Leben des Menschen auf dieser Erde (20,53–55; 16,79–83). So hat Gott dem Menschen in der Welt die guten Dinge des Lebens beschert (45,16; 17,70; 16,72; 40,64; 8,26).

Da Gott in der Schöpfung die Spuren seines Wirkens und die Zeichen seiner Vorsehung hinterlassen hat, ist die Welt für den Menschen der Ort der Glaubensfindung (u.a. 16,10–18; 30,17–25; 2,163–165; 24,43–45). Die Welt ist auch der Ort der Bewährung der einzelnen Gläubigen innerhalb der Gemeinschaft. Der Muslim muß die Probe bestehen, und zwar im Gebrauch der irdischen Güter (vgl. 18,7; 11,7), in der umsichtigen

Haltung gegenüber dem Guten und dem Schlechten im Leben (21,35; 7,168), in der Geduld angesichts der Widerwärtigkeiten und der mannigfaltigen Prüfungen des Lebens (2,155; 3,186). Die Bewährung der Gläubigen soll sie dazu befähigen, Gottes Willen in aufrichtiger Ergebung aufzunehmen und im praktischen Alltag zu befolgen.

Aber die Gemeinschaft der Gläubigen hat sich in der Welt zu bewähren. Die Theokratie, die Herrschaft Gottes, die sie durch die Führung des eigenen Staates nach den Vorschriften des koranischen Gesetzes sichert, muß zur Gestalt des Zusammenlebens aller Menschen werden. Der Islam ist dazu aufgerufen, diese Theokratie in der gesamten Welt zu errichten.

Die Errichtung der universalen Herrschaft Gottes ist eine um so wichtigere Aufgabe, als die Menschen im Anfang eine Einheit bildeten. Die Einheit ist also das eigentliche Merkmal und die eigentliche Berufung der Menschheit. Diese Einheit beruhte auf demselben Glauben und derselben Lebensordnung. Der Unglaube und die Selbstsucht der Menschen brachten erst die Spaltung der ursprünglich geeinten Gemeinschaft in viele Gruppen, Richtungen und Konfessionen. Die Meinungen gingen auseinander, die Vorschriften des göttlichen Gesetzes wurden immer dunkler, und ihre Erkenntnis wurde für die Menschen immer schwieriger. Die Menschen verwickelten sich sogar in Kämpfe, die sie gegeneinander führten. So sandte Gott seine Propheten, um den Glauben deutlich zu machen, die Vorschriften seines Willens kundzutun und damit die Grundlage zur Wiederherstellung der universalen Einheit zu schaffen (vgl. Koran 2,213).

Aber die Propheten, Muḥammad weiß es aus eigener Erfahrung, können nicht immer den Unglauben, den Frevel und die Spaltung überwinden. So sorgt sich der Koran um die Einheit der islamischen Gemeinschaft: „Dies ist mein Weg. (Er ist) gerade. Folgt ihm! Und folgt nicht den (verschiedenen anderen) Wegen, daß sie euch nicht in verschiedene Richtungen von seinem Weg wegführen! Dies hat Gott euch verordnet ..." (6,153). Über die Wahrung der Einheit der islamischen Gemeinschaft hinaus haben die Muslime sich für die Sache Gottes so einzusetzen, daß alle Menschen sich dieser Gemeinschaft anschließen.

Um dieses Ziel zu erreichen, werden die Muslime zum Einsatz für den Islam, zur Bemühung um die Sache Gottes (djihād) aufgerufen: „Müht euch mit eurem Vermögen und in eigener Person auf dem Wege Gottes ab!" (9,41).

Dieser Einsatz beinhaltet zunächst einmal die Pflicht, den Glauben und das Gebiet des Islams gegen die Angriffe der Feinde und die Übergriffe aller Widersacher zu verteidigen. Auch aktiv muß sich die islamische Gemeinschaft um die Ausbreitung des Islams bemühen, notfalls mit Waffengewalt (vgl. u.a. 66,9). In diesem Zusammenhang stellen sich einige Fragen in bezug auf die Haltung des Islams zur Religionsfreiheit (als Teil der anerkannten Menschenrechte) und zur Toleranz.

*Die Religionsfreiheit im Islam*

Der Glaube ist die Grundlage der islamischen Gemeinschaft, das Band ihrer Einheit und das Kennzeichen ihrer Identität. Deswegen reagiert der Islam empfindlich gegen alles, was den Glauben in Frage stellt oder gefährdet, und fühlt sich verpflichtet, den Glauben auszubreiten und zum Sieg über alle anderen Gestalten der Religion zu verhelfen (vgl. Koran 61,9; 48,28; 9,33).

Zur Frage nach der Bereitschaft der Menschen zur Annahme des Glaubens vertritt der Koran zwei scheinbar gegensätzliche Positionen. Zunächst einmal stellt er fest, daß die Menschen, die Polytheisten und die Besitzer einer göttlichen Offenbarung (Juden und Christen) trotz mannigfaltiger Argumente und energischer Mahnungen keine Neigung zeigen, den Islam anzunehmen. Diese Weigerung, so die Erklärung des Korans, ist nach menschlichem Begreifen dadurch erklärbar, daß man darin eine Bestimmung Gottes sieht. Glaube und Unglaube sind somit eine freie Entscheidung nicht des Menschen, sondern Gottes, der die einen zum Glauben und die anderen zum Unglauben führt (s. o. S. 55). Die Propheten und auch Muḥammad sind daher für den Mißerfolg ihrer Bemühungen nicht verantwortlich (26,216). Angesichts einer solchen Situation und als Folge einer solchen Erklärung wurde der Grundsatz proklamiert: „In der Religion gibt es keinen Zwang" (2,256). Der Zwang in Sachen des Glaubens ist nicht möglich und auch nicht zulässig, so hat die islamische Tradition diesen Vers verstanden.

Die zweite Position des Korans geht von den Forderungen aus, die Gott an den Menschen stellte, als er ihm seine Uroffenbarung mitgeteilt und mit ihm den Urpakt geschlossen hatte. So ist jede prophetische Verkündigung ein Versuch, den Urglauben und den Urgehorsam der Menschen wachzurufen. Denn jeder Mensch ist fähig zum Glauben, ist doch die Anerkennung der Souveränität Gottes und seiner Einzigkeit im Herzen eines jeden eingepflanzt. Und jeder Mensch hat sich zur Treue verpflichtet, auch wenn das praktische Leben voller Hindernisse ist und obwohl die Menschen immer wieder Vorwände finden, um den Glauben an die Predigt der Propheten zu verweigern. Die Konsequenz dieser Position ist die Feststellung, daß diese Verweigerung des Glaubens und der Treue keine Entschuldigung findet (7,172–173).

Zur Behandlung der Menschen, die dennoch nicht bzw. nicht mehr glauben wollen, enthält der Koran verschiedene Vorschriften.

Die Muslime, die sich schon einmal dem Willen Gottes unterworfen und den Glauben zur Mitte und zum Maßstab ihres ganzen Lebens in allen Bereichen gemacht haben, haben kein Recht darauf, den einmal angenommenen Glauben abzulegen und sich von der Gemeinschaft der Gläubigen abzuwenden. Der Unglaube macht ihre Werke hinfällig und religiös wertlos (7,147; 2,217; 33,19). Der Abfall vom Glauben ist somit als absolute Schuld zu betrachten, er ist die schwerste Sünde, die der Mensch begehen kann. Wir haben schon erwähnt, daß der Koran diese Abtrünnigen zur Höllenstrafe verurteilt. Die Tradition bestimmt außerdem, daß sie der Todesstrafe ausgeliefert werden müssen (s. o. S. 89). Für die Muslime also, die schon Gläubige geworden sind, gibt es im Prinzip keine Religionsfreiheit. Der offizielle Islam erkennt in diesem Fall die Freiheit des Gewissens nicht an. Denn eine solche Freiheit würde sich gegen den Menschen selbst, gegen die Gemeinschaft und endlich gegen Gott selbst richten.

Aber auch der Unglaube der Polytheisten findet keine Entschuldigung. Auch er verdient die Strafe Gottes. Sollte jemand einwenden, daß dieser Unglaube doch eine Folge der Bestimmung Gottes ist, so bedeutet diese Bestimmung eben, daß Gott die Polytheisten und die Ungläubigen im allgemeinen dem Zorn ausliefert und der Bestrafung auch durch die Gläubigen preisgibt. So sind die Muslime aufgefordert, die Ungläubigen zur Annahme des Islams und zur Unterwerfung unter das Gesetz Gottes aufzurufen. Wenn sie dies tun, dann sind sie Muslime geworden und müssen daher als Glaubensbrüder betrachtet und behandelt werden. Lehnen sie dies aber ab, so müssen sie von der islamischen Gemeinschaft bekämpft, vernichtet bzw. als Beute ausgeteilt werden. Für sie gilt folgende Anweisung des Korans: „Wenn sie sich nun bekehren, das Gebet verrichten und die Sozialsteuer geben, sind sie (damit) eure Glaubensbrüder (geworden)... Wenn sie aber... hinsichtlich eurer Religion ausfällig werden, dann kämpft (gegen sie), die Prototypen des Unglaubens!" (9,11–12). Im Fall der Ungläubigen gilt also der Grundsatz: Es gibt keine Religionsfreiheit für einen nicht entschuldbaren totalen Unglauben.

Der Koran kennt eine Gruppe von Menschen, die er zwischen den Ungläubigen und den gläubigen Muslimen ansiedelt. Das sind die Besitzer einer göttlichen Offenbarungsschrift, die sich jedoch dem Islam nicht angeschlossen haben. Juden und Christen könnten somit als Andersgläubige bezeichnet werden. Sie sind zwar Gläubige, aber nicht im vollen Sinn des Wortes, denn sie lehnen den totalen Glauben an die ganze Offenbarung Gottes, wie sie der Koran versteht, ab. Sie verweigern den Glauben an den Islam als die nach dem Koran von Gott gewollte endgültige Gestalt der wahren Religion.

Der Koran berichtet von den vielen Auseinandersetzungen des Muḥammad mit den Juden und auch mit den Christen. Im Laufe dieser Streitgespräche kam der Koran zu der Überzeugung, daß die Juden mehr Abneigung gegen den Islam hegen als die Christen. Er bezeichnet sie im selben Atemzug wie die Ungläubigen als Feinde, während die Christen als Freunde der Muslime genannt werden (5,82). Der Koran erwähnt den Absolutheitsanspruch des Judentums und des Christentums und stellt ihm seinen eigenen Absolutheitsanspruch gegenüber (vgl. 2,135–137), denn Muḥammad sei der letzte Prophet, „das Siegel der Propheten" (33,40), und der Islam sei die einzig wahre Religion (3,19; 48,28). Der Koran erkennt also den Juden und den Christen einen gültigen Teil-Glauben an, er bezichtigt sie aber auch des Teil-Unglaubens. Wegen ihres Teil-Glaubens dürfen sie nicht wie Ungläubige, sondern wie Andersgläubige behandelt werden. Wegen ihres Teil-Unglaubens trifft sie jedoch eine Teil-Schuld, und sie werden auch einer Teil-Strafe unterworfen. Für sie gilt der Grundsatz: Sie dürfen eine relative Religionsfreiheit genießen. Ihnen wird unter bestimmten Bedingungen das Recht zuerkannt, ihre eigene Religion beizubehalten, ihr Leben in ihrer jeweiligen

Gemeinschaft nach ihrem eigenen Gesetz zu führen und durch eigene Rechtsprechung zu regeln. Sie stehen unter dem Schutz des Islams und werden deswegen Schutzbefohlene (Dhimmī) genannt. Sie haben ihrerseits verschiedene Abgaben zu entrichten und können vielerlei Demütigungen ausgesetzt werden (9,29).

*Die Toleranz im Islam*

Zur Frage nach der Toleranz im Islam gibt es viele Vorurteile und Mißverständnisse. Das Bild vom fanatischen, aggressiven Muslim ist geläufig. Sie entspricht nicht immer und nicht ganz der Wirklichkeit der islamischen Religion. Sie mag manchmal eine praktische Haltung widerspiegeln, die sich im Laufe der Zeit und unter dem Druck geschichtsbedingter Umstände verschärft hat. Die Beantwortung der Frage, ob der Islam selbst in seiner Theorie und in seiner offiziellen Praxis tolerant war bzw. ist oder nicht, hängt davon ab, welche Epoche der Entwicklung der islamischen legitimen Rechtsschulen und auch welche Zeit der Geschichte des Islams, welches Land und welche Machthaber man berücksichtigt.

Theoretisch hatte der Koran Vorschriften erlassen, die eine relative Toleranz erkennen lassen. Juden, Christen und ihnen gleichgestellte Religionsgemeinschaften dürfen grundsätzlich ihre eigene Religion beibehalten, die rituellen Handlungen ihres Kultes bei einigen Einschränkungen frei vollziehen, sich im Gebiet des Islams frei bewegen und dort ihren Geschäften nachgehen. Ihre religiöse Selbstverwaltung und ihre eigene Rechtsprechung in Sachen des Ehe- und Erbschaftsrechtes wird ihnen garantiert. Auch werden die Besonderheiten ihres Gesetzes in bezug auf viele Punkte des Zivil- und Strafrechtes berücksichtigt. Endlich stellt das islamische Recht ihr Leben und ihr Eigentum unter den Schutz der islamischen Gemeinschaft.

Von den Anhängern dieser Gemeinschaft wurde für diese relative Toleranz und als Beitrag zur Sicherung ihres Lebens, ihres Eigentums und ihrer Freiheit eine Abgabe (Pro-Kopf- und Landabgabe) gefordert. Diese Abgabe wurde im Laufe der Zeit immer stärker als eine regelrechte Steuer verstanden. Diese besondere Besteuerung der Nicht-Muslime kennzeichnet in den Augen der Muslime ihre niedrigere Stellung in der Gemeinschaft. Auch wurde ihnen in der klassischen Zeit im allgemeinen der Zugang zu den Ämtern verwehrt, die ihnen eine irgendwie geartete Überlegenheit bzw. Teilherrschaft über die Muslime verleihen könnten (Regierungsamt, Richteramt, Armeedienst ...).

Diese theoretischen Bestimmungen nahmen im praktischen Alltag eine je verschiedene Gestalt an. Denn sie hatten nicht alles festgelegt, es blieben ein ziemlich umfangreicher Ermessensraum und ziemlich weitgehende Interpretationsmöglichkeiten offen für die eigenen Entscheidungen in den Provinzen. Streng fromme Machthaber und übereifrige Rechtsgelehrte fühlten sich berechtigt, ja berufen, die Lebensbedingungen ihrer nichtmuslimischen Untertanen durch verschärfte Maßnahmen einzuengen. Benachteiligungen und Diskriminierung sollten ihnen ihre untergeordnete Stellung vor Augen halten (vgl. Koran 9,29) und sie dadurch eventuell zur Annahme des Islams bewegen. In Zeiten, in denen interne politische Spannungen und Aufstände das islamische Reich erschütterten oder militärische Rückschläge an den Grenzen die Sicherheit des Staates zum höchsten Gut erhoben, mußten die Nicht-Muslime besondere Härte erdulden, die als Ausdruck der von der Staatsführung gehegten Zweifel an ihrer Loyalität galt. Oft war es einfach der gedankenlose Stolz einer übermächtigen Mehrheit, die den Nicht-Muslimen das Leben schwermachte. Manchmal aber sorgten die Christen selbst durch den ewigen Streit ihrer verschiedenen Kirchen und die Rivalität ihrer verschiedenen Konfessionen dafür, daß die Muslime Entscheidungen trafen, die einige Gruppen belasteten. Endlich war die Lage der Staatskasse ein Anlaß, die Steuerschraube enger zu ziehen und die Nicht-Muslime zu höheren Beiträgen zu zwingen.

Die islamische Staatstheorie im Mittelalter geht vom Prinzip der einheitlichen sakralen Gesellschaft aus. Sie spricht sich für einen theokratischen Staat aus, der seine Aufgabe darin sieht, die Rechte Gottes und des Islams zu sichern und von den Gläubigen Gehorsam zu fordern. In diesem einheitlichen Staat sind Nicht-Muslime, soweit sie Besitzer einer Heiligen Schrift sind (wie die Juden und die Christen ...), toleriert, aber nicht voll integriert. Sie sind zwar nicht recht- und schutzlos, aber eben mit den eigentlichen Bürgern, mit den Muslimen, nicht gleichberechtigt und vor dem Gesetz nicht gleichgestellt. Ähnliche Bestimmungen enthielten die Gesetze der Staaten der mittelalterlichen Christenheit.

*Der „heilige Krieg"*
Zum „heiligen Krieg" stellte das klassische System des islamischen Gesetzes folgende Bestimmungen fest.

Die Muslime sind dazu verpflichtet, die Rechte Gottes und die Interessen der Gemeinschaft zu wahren und dafür „ihr Vermögen und ihre eigene Person" zur Verfügung zu stellen (61,11; 9,41). Der heilige Krieg ist nicht von den einzelnen Gläubigen zu führen, er ist im Normalfall die Pflicht der Gemeinschaft als solcher. Nur wenn der islamische Staat angegriffen wird, kann es die Lage erfordern, daß jeder Muslim aufgerufen wird, das bedrohte Land zu verteidigen. Zur Erfüllung der Pflicht zum heiligen Krieg genügt, wenn irgendwo in der Welt eine islamische Gemeinschaft sich für die Sache des Glaubens und für die Ausbreitung des Islams und seines Machtbereichs einsetzt. Dies besagt einmal, daß nicht alle Muslime und nicht alle islamischen Gruppen und Gemeinschaften ständig zum heiligen Krieg aufgefordert werden, und zum anderen, daß der islamische Staat sich nicht im Zustand einer ständigen Generalmobilmachung befindet. Die Tatsache, daß der heilige Krieg nicht Sache des einzelnen Gläubigen, sondern die der Gemeinschaft ist, garantiert eine Möglichkeit der Kontrolle solcher schwerwiegender Entscheidungen wie der Kriegserklärung und Kriegsführung.

Da der universale Anspruch des Islams bestehenbleibt, solange nicht alle Menschen den Islam angenommen haben, wird die Pflicht der islamischen Gemeinschaft zum heiligen Krieg als eine ständige Pflicht betrachtet. Sie muß sich ständig dafür einsetzen, daß der islamische Glaube sich ausbreitet und der Machtbereich des Islams sich ausweitet. Das Endziel ist erst erreicht, wenn kein Unglaube mehr auf der Erde besteht, wenn die Nicht-Muslime entweder ausgerottet worden sind oder sich zum Islam bekennen oder sich dem Islam unterwerfen und den Status tolerierter Gemeinschaften erwerben, die unter Entrichtung eines Tributs sich dem vertraglich abgesicherten Schutz des islamischen Staates unterstellen. Der heilige Krieg ist also ein Dauerzustand der Gemeinschaft, und seine Ziele werden durch militärische Unternehmen, politische Initiativen oder sonstige Aktivitäten verfolgt. Friedenszeiten sind nur Pausen zwischen den Auseinandersetzungen; da bereitet sich der Islam auf den nächsten Waffengang, auf den nächsten Vorstoß bzw. auf die nächste Verteidigungsoperation vor.

Die bis hierher ausgeführte Theorie des heiligen Krieges im

islamischen Mittelalter wurde als gültig betrachtet und in die Praxis umgesetzt, solange der Islam Erfolge erzielte. Wo der Feind bzw. der Gegner übermächtig war, durfte die islamische Gemeinschaft die Kriegshandlungen unterbrechen und befristete Friedenszeiten einhalten. Als das islamische Reich immer größer wurde und im Inneren durch Aufstände erschüttert und durch Spaltungen geschwächt wurde und als die Gegner draußen sich nicht immer leicht verdrängen ließen, wurde eine leichte Veränderung der strengen Vorschriften hingenommen. Man gelangte zu der Überzeugung, daß auch der Friede nützlich für die Sache des Islams sei, Vorteile bringe und daher auch wünschenswert sei. So wurde der Friede als der normale Zustand der Beziehungen zwischen den Staaten angesehen. Der offensive Einsatz für den Islam wurde weiterhin als Pflicht betrachtet, aber eben als eine für den Alltag ruhende Pflicht.

Eine weitere Interpretation der Pflicht zum Einsatz für die Sache Gottes erfolgte unter dem Einfluß geistlicher Lehrer und theologisch interessierter Rechtsgelehrter. Der heilige Krieg wurde als der „kleine Einsatz" bezeichnet. Der „große Einsatz" bestehe im Einsatz des aufrichtigen Herzens, in der täglichen Bemühung um einen wirksamen Glauben und einen treuen Gehorsam. Dazu komme der Einsatz der Zunge und der Einsatz der Hand. Damit ist die Bemühung gemeint, durch Ermahnung und Ermunterung das Gute zu empfehlen und vor dem Bösen zu warnen, sowie das Engagement im sozialen Bereich und die Missionstätigkeit.

### *Legitimer Pluralismus der Religionen*

Der „heilige Krieg" wurde im Leben des entstehenden Islams in den Tagen der existenzentscheidenden Auseinandersetzungen mit den Feinden aus Mekka und ihren Verbündeten zur Pflicht der Muslime gemacht. Im Koran findet sich jedoch eine andere Position, und die Geschichte läßt erkennen, daß die islamische Gemeinschaft eine andere Ordnung des Zusammenlebens der verschiedenen Religionsgemeinschaften bejaht. Der Islam ist nicht eine zu jeder Zeit und unter allen Umständen geschlossene Gesellschaft, die zwar den anderen eine relative Toleranz entgegenbringt, sie jedoch nicht integriert und damit die Tür für eine jederzeit mögliche praktische Intoleranz offenhält. Der Islam lehnt nicht in jedem Fall jeglichen Pluralismus ab, er kennt neben der theokratischen Gestalt einer geschlossenen Gesellschaft auch eine offenere Form des Zusammenlebens der Menschen.

In Mekka, als der Prophet Muḥammad nur als Verkünder und Warner auftrat und keine unmittelbaren politischen Ziele verfolgte, neigte er dazu, die Zukunft der Ungläubigen und die Bestrafung seiner Gegner der Initiative Gottes zu überlassen. Er vermied jeden heftigen Streit und ließ nicht Gegnerschaft und Aggressivität das Klima endgültig vergiften. Er unterstrich den Vorteil, den die Mekkaner in der Annahme des Glaubens sich erwerben können (10,108). Als er jedoch in seinen Aufrufen scheiterte, griff er dennoch nicht zu den Waffen und ging jeder direkten Konfrontation mit den Ungläubigen aus dem Weg. Er zeigte sich nur traurig über die Verstockung seiner Landsleute und erklärte: „Gott ist unser und euer Herr. Uns kommen unsere Werke zu, und euch die euren" (42,15).

Als aber die Haltung Muḥammads nach seiner Auswanderung nach Medina sich verschärfte und als es schließlich zum offenen Kampf gegen die Mekkaner kam, blieb die Position des Korans gegenüber Juden und Christen eine ziemlich friedliche. Die Sprache Muḥammads ist da beschwörend, aber nicht feindselig oder direkt aggressiv (2,137.139). Wie gegenüber den Polytheisten in der mekkanischen Periode seiner Predigt (7,199) wird Muḥammad aufgefordert, Nachsicht zu üben, zu verzeihen und auf die Entscheidung Gottes zu warten (2,109). In diesen Zusammenhang gehört die Bejahung des religiösen Pluralismus durch den Koran, und zwar im Hinblick auf die verschiedenen Gestalten, die er in der biblischen Tradition ausmacht: Judentum, Christentum, Islam. Auch später, als die Beziehungen der islamischen Gemeinschaften zu den Juden sich zuspitzten und zur bewaffneten Niederschlagung der Juden führten, wurde dieser grundsätzliche Pluralismus nie ganz in Frage gestellt, sondern in seinen Hauptzügen bestätigt.

Gott hat, so lehrt der Koran, seine Propheten und Gesandten immer wieder mit derselben Grundbotschaft betraut: dem Glauben an den einen, einzigen Gott und der Pflicht, ihm allein zu dienen (vgl. 21,25; 3,84). Aber er hat auch bestimmt, daß die großen Gesandten und Religionsstifter, Mose, Jesus und Muḥammad, je ein in manchen Punkten verschiedenes Gesetz erließen. Diese Gesetze sind verschiedene Wege, denen der

Koran Gültigkeit und Heilwirksamkeit zuerkennt: „Diejenigen, die glauben, und diejenigen, die dem Judentum angehören, und die Christen und die Ṣābier, (alle), die an Gott und den jüngsten Tag glauben und tun, was recht ist, denen steht bei ihrem Herrn ihr Lohn zu, und sie brauchen keine Angst zu haben, und sie werden nicht traurig sein" (2,62; vgl. 5,69). In seiner chronologisch letzten oder vorletzten Sure (Sure 5) hat der Koran diesen legitimen Pluralismus noch einmal ausdrücklich bestätigt. Es lohnt sich, diese überaus wichtigen Verse im Wortlaut zu zitieren.

Für die Juden gilt folgende Stelle:

*5,44–45*

Wir haben die Tora herabgesandt, die (in sich) Rechtleitung und Licht enthält, damit die Propheten, die sich (Gott) ergeben haben, für diejenigen, die dem Judentum angehören, danach entscheiden, und damit die Rabbiner und Gelehrten nach der Schrift Gottes entscheiden, soweit sie ihrer Obhut anvertraut worden ist ... Diejenigen, die nicht nach dem entscheiden, was Gott herabgesandt hat, sind die Frevler.

An die Christen richtet sich folgende Mahnung:

*5,46–47*

Und wir ließen hinter ihnen her Jesus, den Sohn der Maria, folgen ... Und wir gaben ihm das Evangelium, das (in sich) Rechtleitung und Licht enthält, damit es bestätige, was von der Tora vor ihm da war, und als Rechtleitung für die Gottesfürchtigen. Die Leute des Evangeliums sollen nach dem entscheiden, was Gott darin herabgesandt hat ... Diejenigen, die nicht entscheiden nach dem, was Gott herabgesandt hat, sind die Frevler.

Vom Islam bestätigt der Koran:

*5,48*

Und wir haben die Schrift mit der Wahrheit zu dir herabgesandt, damit sie bestätige, was von der Schrift vor ihr da war, und darüber Gewißheit gebe. Entscheide nun zwischen ihnen nach dem, was Gott herabgesandt hat ...

Den Juden und den Christen beteuert der Koran:

*5,68*

Sag: Ihr Leute der Schrift! Ihr entbehrt der Grundlage, solange ihr nicht die Tora und das Evangelium, und was von eurem Herrn zu euch herabgesandt worden ist, haltet ...

Allen drei Gemeinschaften erklärt der Koran:

*5,48*
Für jeden von euch haben wir ein (eigenes) Brauchtum (?) und einen (eigenen) Weg bestimmt.

Die verschiedenen Religionsgemeinschaften sollen also nicht miteinander über die Einzelbestimmungen ihres jeweiligen Gesetzes (vgl. 22,67) streiten, sondern Toleranz üben und nach folgendem Grundsatz ihr Leben gestalten: „Jeder hat seine Richtung, auf die er eingestellt ist. Wetteifert nun nach den guten Dingen!“ (2,148; vgl. 5,48). In diesem Wettstreit kommt den Muslimen die Aufgabe zu, durch ihre besondere Frömmigkeit und die besondere Qualität ihres Verhaltens „Zeugen über die Menschen“ zu sein (2,143).

Dies bedeutet nicht, daß alle Religionen in den Augen des Islams als gleichwertig zu gelten haben. Die Muslime werden aufgefordert, sich für den Islam einzusetzen, die Vorzüglichkeit ihres Glaubens und ihres Gesetzes deutlich zu machen, dadurch die Menschen zur Annahme des Glaubens zu bewegen. Die Mittel dazu werden im Koran erwähnt: „Ruf (die Menschen) mit Weisheit und einer guten Ermahnung auf den Weg deines Herrn und streite mit ihnen auf eine möglichst gute Art!“ (16,125; vgl. 29,46). Die Muslime sollen nicht in kurzsichtiger Anmaßung versuchen, die Menschen zum Glauben zu zwingen, denn der Glaube bleibt das Geheimnis des Gewissens und steht vor allem in der Zuständigkeit des frei entscheidenden Willens Gottes: „Und wenn dein Herr wollte, würden die, die auf der Erde sind, alle zusammen gläubig werden. Willst nun du die Menschen (dazu) zwingen, daß sie glauben?“ (10,99). Daher gilt der oben schon zitierte Grundsatz: „In der Religion gibt es keinen Zwang“ (2,256). Dieser Satz liegt der islamischen Auffassung von religiöser Toleranz zugrunde. Die islamische Tradition hat nämlich diesen Vers nicht nur als Feststellung verstanden, daß keiner außer Gott die Menschen rechtleiten und zum Glauben zwingen kann, sondern auch als Verbot, die Menschen unter Zwang zu setzen, um sie zum Glauben zu führen.

Der Koran bestätigt also, daß Gott allein die Macht besitzt und die Wege kennt, die Menschen, die Erde und den gesamten Kosmos zu seiner Anbetung zu führen, bereitwillig oder gezwungen (13,15). Die Propheten und auch die Gläubigen besitzen keine Macht und keine Berechtigung dazu (88,22; 50,45; 10,99). Muḥammad und die Muslime haben die Vielfalt der Religionen als eine Bewährungsprobe für ihren Glauben und ihre

Treue anzusehen und hinzunehmen. „Wenn Gott gewollt hätte, hätte er euch zu einer einzigen Gemeinschaft gemacht“ (5,48). Die Muslime müssen sich in guten Werken besonders hervortun, das ist eine ihrer wichtigsten Aufgaben.

In ihrer klassischen Zeit hat sich die islamische Lehre zu einseitig auf eine andere Richtung festgelegt und den „heiligen Krieg“ in den Vordergrund gestellt. Der Einsatz im „heiligen Krieg“ war aber nur für solche Umstände vorgesehen worden, die im sakralen Mittelalter herrschten und heute längst der Vergangenheit angehören. Es ist an der Zeit, daß der heutige, selbstbewußter gewordene Islam sich auch in seiner offiziellen Lehre für die im Koran verankerte Anerkennung eines legitimen Pluralismus der Religionen ausspricht.

### *Die heutige Renaissance des Islams*

Die Renaissance des Islams hat schon am Ende des 19. Jahrhunderts eingesetzt. Ihre bedeutendsten Vertreter waren Djamāl al-Dīn al-Afghanī (1838/39–1897) und Muḥammad 'Abduh (1848–1905). Heute hat diese Renaissance eine Gestalt angenommen, die sie ins Blickfeld der Weltöffentlichkeit gerückt hat. Die Muslime berufen sich in mehreren Ländern wieder verstärkt auf ihren Auftrag, dem Islam zum Sieg in der Welt zu verhelfen (vgl. Koran 9,33). Erst dann, wenn das islamische Gesetz zur Grundlage des sozialen und des politischen Lebens der Völker und Staaten gemacht würde, würde die politische Ordnung der Gesellschaft ihren Zweck erfüllen, die Rechte Gottes und die Rechte der Gläubigen zu sichern. Was dies für die Zukunft der betreffenden Länder und ihre Minderheiten praktisch bedeutet, hängt davon ab, welche unter den heute miteinander konkurrierenden Tendenzen im islamischen Lager sich durchsetzt.

Eine Richtung, die sich heute im Aufwind befindet, erstrebt die Islamisierung der Gesetze und des praktischen Lebens der verschiedenen Länder, und dies durch die Wiedererrichtung der Institutionen, die das klassische System des islamischen Mittelalters festgelegt hat. Das ist die Richtung der Traditionalisten und der Fundamentalisten. Aber ganz gleich, ob sie mit geduldiger Ausdauer oder durch Anwendung aller verfügbaren Druckmittel ihr Ziel erreichen wollen, beide Gruppen verstehen den Islam in seiner religiösen, sozialen und politischen Dimension als eine

Alternative sowohl zum östlichen, atheistischen und für Gläubige unannehmbaren Modell als zum westlichen Modell, denn beide haben bislang die Probleme der Menschen nicht gelöst, ja neue dazu geschaffen.

Eine gemäßigte Richtung erstrebt zwar die Vorherrschaft des Islams in der Gesellschaft, sie ist jedoch zu den Kompromissen bereit, die die jeweiligen Umstände und vor allem die gerechte Behandlung der Minderheiten unumgänglich machen.

Eine dritte Richtung steht zwar in der Minderheit, aber sie sucht einen neuen Weg des Islams im Konzert der Religionen und der Staaten. Die Träger dieser Richtung versuchen, eine behutsame Anpassung des Islams an die westliche Auffassung von Demokratie zu erreichen. Sie fordern die Bildung eines Staates, in dem alle Bürger, ob Muslime oder nicht, vor dem Gesetz grundsätzlich gleichgestellt und im praktischen Leben weitgehend gleichberechtigt sind.

7. KAPITEL

# Christen und Muslime

Die Beziehungen zwischen Christen und Muslimen sind, so will es scheinen, in eine Phase getreten, die man als Versuch der Bewältigung der Vergangenheit bezeichnen möchte. Was die Muslime vom Christentum und von den Christen bis in unsere Tage hinein halten, ist schon im Koran in den Grundzügen ausgedrückt worden. Das Urteil der Christen über den Islam und die Muslime hat sich erst in der neuesten Zeit auf breiterer Basis gewandelt. Die folgenden Ausführungen wollen Auskunft über diese zwei Themenkomplexe geben. Sie enthalten auch eine Übersicht über die heutige Situation und über die Möglichkeiten des Dialogs und der Zusammenarbeit zwischen Christen und Muslimen in unserer enger zusammenrückenden Welt.

## *Haltung des Korans zu den Christen*

Die Muslime fühlen sich den Christen sehr nahe und zugleich sehr fern. Dieses Gefühl entspricht den verschiedenen Aussagen des Korans über die Christen und der praktischen Haltung Muḥammads ihren Gemeinschaften gegenüber.

Die Haltung Muḥammads gegenüber den Christen war lange Zeit die der Sympathie und des Wohlwollens. Gewiß enthält der Koran Angriffe gegen die Christen und manche ihrer Lehren, aber diese Angriffe waren nie so heftig, daß sie die friedlichen, ja freundschaftlichen Beziehungen tiefgreifend erschütterten, die zwischen Muḥammad und den Christen seiner Umgebung herrschten. Erst in einer späteren Phase führten die politischen Umstände dazu, daß Muḥammad gegen Ende seines Lebens eine härtere Einstellung gegenüber den Christen einnahm. Es war sein großer Wunsch, dem Islam zur alleinigen Herrschaft auf der Arabischen Halbinsel zu verhelfen. Dazu dienten nach und nach die Beseitigung des Einflusses der jüdischen Stämme und die

Neutralisierung etwaiger Wirkungsmöglichkeiten der Christen. Schließlich kam die entscheidende Anweisung, Juden und Christen zu unterwerfen und sie unter den Schutz der islamischen Gemeinschaft zu stellen (9,29), die die unbestrittene Oberherrschaft innehaben soll.

Man kann im Koran Aussagen finden, die die verschiedenen Etappen dieser Entwicklung bezeugen.

In der mekkanischen Periode der Verkündigung Muḥammads erinnert seine Botschaft an die Themen und die Art der christlichen Prediger. Man gewinnt sogar den Eindruck, daß sich Muḥammad den Christen sehr nahe fühlte. Er schickte einen Teil seiner ersten Anhänger nach dem christlichen Abessinien, als die frühislamische Gemeinde unter dem wachsenden Druck der polytheistischen Mekkaner zu leiden hatte (im Jahr 615). Als Botschaft an den dortigen Kaiser übergab er den Muslimen den ersten Teil der Sure 19 über Maria, die Mutter Jesu (19,16–34). Das war wie eine Zugehörigkeits- bzw. eine Verwandtschaftserklärung. Auch stellt sich der Koran auf die Seite der Christen und nennt die Märtyrer Nadjrāns im Jemen die „Gläubigen", die „an Gott glauben" (85,7–8); er greift auch die Partei der christlichen Byzantiner gegen die heidnischen Perser (30,2–5). Bayḍāwī erklärt in seinem Korankommentar (Istanbul 1296 H., S. 240) diese Stelle folgendermaßen: „Es wird berichtet, daß die Perser die Byzantiner angriffen. Sie trafen auf sie in Adhruʿāt und Buṣrā und besiegten sie. Diese Nachricht verbreitete sich in Mekka. Die Polytheisten freuten sich darüber und machten sich über die Muslime lustig: Ihr und die Christen, so spotteten sie, seid Besitzer einer Schrift; wir und die Perser sind Heiden. Unsere Brüder haben eure Brüder besiegt. Und sicherlich werden wir es ebenso tun." Der Koran nahm daraufhin Stellung zugunsten der Byzantiner (Rūm).

Im Laufe der Zeit und je nach den Umständen seines Kampfes um die Anerkennung seiner prophetischen Sendung und um die Sicherung der Existenz seiner Gemeinschaft vertrat Muḥammad den Christen gegenüber eine differenziertere Meinung und nahm eine jeweils andere Haltung ein. Man kann die Angaben des Korans in diesem Zusammenhang wie folgt zusammenfassen. Für den Koran gibt es zwei Kategorien von Christen; die guten und die schlechten. Die guten Christen stehen dem Islam ziemlich nahe, die schlechten dagegen haben sich von der wahren Botschaft Christi entfernt, ja sie in grundlegenden Punkten verfälscht oder zumindest falsch interpretiert; sie verdienen daher den Tadel und die Verurteilung.

Zu den guten Christen (die in manchen Aussagen die Christen ganz allgemein und allesamt sind) sagt der Koran, daß sie an Jesus Christus geglaubt haben, ihm treu geblieben sind. Deswegen sind sie den Ungläubigen bis zum Tag der Auferstehung überlegen (3,55), und sie werden von Gott gegen sie unterstützt (61,14). Diejenigen, die sich in der Nachfolge Christi besonders ausgezeichnet haben, werden mit einem hohen Lob bedacht: „... Und wir ließen im Herzen derer, die sich ihm anschlossen, Milde Platz greifen, Barmherzigkeit und Mönchtum ... Und wir gaben denjenigen von ihnen, die glaubten, ihren Lohn ..." (57,27). Vor allem das Leben der christlichen Mönche findet im Koran große Anerkennung und begründet seine Parteinahme für die Christen gegen die Juden, die an Jesus nicht geglaubt haben. In einer Stelle lobt der Koran die Mönche für ihre Rechtgläubigkeit, Frömmigkeit, Ausdauer in der Ausübung der guten Werke, Mahnung zur Tugend und Heiligkeit (2,113–115).

Nach der Einschätzung des Korans stehen die guten Christen der islamischen Botschaft aufgeschlossen gegenüber. Sie erkennen in ihr eine göttliche Offenbarung und sind bereit, sie anzunehmen und an den Koran zu glauben: „Wenn er ihnen verlesen wird, sagen sie: Wir glauben an ihn. Es ist die Wahrheit (die) von unserem Herrn (kommt). Wir waren (schon) Muslime, noch ehe er da war" (28,53). Diese positive Einstellung, die der Koran manchen Christen zuschreibt, führt Muḥammad dazu, ihnen offen vorzuschlagen, sich mit ihm zu verbinden und sich ganz einfach zum Islam zu bekennen: „Darum glaubt an Gott und seinen Gesandten, den heidnischen Propheten, der (seinerseits) an Gott und seine Worte glaubt und folgt ihm! Vielleicht werdet ihr euch (dann) rechtleiten lassen" (7,158). Denn Muḥammad sei in der Tora und im Evangelium verzeichnet worden (7,157) und sogar von Jesus bei seinem Namen erwähnt worden (61,6). Im übrigen hätten schon einige Christen in der Botschaft Muḥammads die Erfüllung der Verheißung Gottes erkannt; sie würden bezeugen: „Unser Herr sei gepriesen! Das Versprechen unseres Herrn ist in Erfüllung gegangen" (17,108).

Aufgrund dieser offenen Haltung, die der Koran bei manchen Christen erkennt, hat er für die Christen bis zuletzt freundliche Worte gefunden. Sehr bekannt in diesem Zusammenhang ist folgende Stelle: „... Und du wirst finden, daß diejenigen, die den Gläubigen in Liebe am nächsten stehen, die sind, welche sagen: Wir sind Christen. Dies deshalb, weil es unter ihnen Priester und Mönche gibt, und weil sie nicht hochmütig sind" (5,82).

Aber, so die Feststellung des Korans, neben den guten gibt es auch die schlechten Christen. Die schlechten Christen sind diejenigen, die den Koran nicht als im wesentlichen dieselbe göttliche Botschaft annehmen, die von den früheren Propheten, vor allem von Mose und von Jesus, verkündet wurde. So stellt der Koran fest: „Die Juden und die Christen werden nicht mit dir zufrieden sein, solange du nicht ihrem Bekenntnis folgst. Sag: Die rechte Leitung ist (allein) die von Gott" (2,120). Gleich den Juden bestehen diese Christen darauf, daß für sie nur das Christentum der einzig wahre Heilsweg ist: „Und sie sagen: Niemand wird ins Paradies eingehen außer denen, die Juden und Christen sind" (2,111); – „und sie sagen: Ihr müßt Juden oder Christen sein, dann seid ihr rechtgeleitet" (2,135). Der Koran weist diese Aussage als Anmaßung zurück, die durch keine Beweise unterstützt werde (vgl. 2,111). In Wahrheit sei der Islam die einzig wahre, von Gott gewollte Religion (vgl. 2,138; 3,18–19.83.85; 4,125; 98,5; 5,3). So mahnt der Koran die Muslime, sich an folgendem Grundsatz zu orientieren: „Wenn sie an das gleiche wie ihr glauben, sind sie rechtgeleitet. Wenn sie sich aber abwenden, sind sie eben in der Opposition. Doch Gott wird dir (als Helfer) gegen sie genügen ..." (2,137).

Diese Opposition gegen die koranische Offenbarung drückt sich in den übertriebenen, ja manchmal dem Unglauben nahekommenden Lehren und Kultformen der Christen aus. Die schlechten Christen halten Jesus, so der Vorwurf des Korans, für den Sohn Gottes und Gott selbst, und sie glauben an drei Götter. Wenn die Christen recht haben, die Partei Jesu Christi gegen die Juden zu ergreifen (vgl. 4,157–159), so sind sie im Unrecht, wenn sie die Grenzen der Mäßigung überschreiten und ungehörige Aussagen machen: „Ihr Leute der Schrift! Treibt es in eurer Religion nicht zu weit und sagt gegen Gott nichts aus als die Wahrheit! Christus Jesus, der Sohn der Maria, ist nur der Gesandte Gottes und sein Wort, das er der Maria entboten hat, und Geist von ihm. Darum glaubt an Gott und seine Gesandten und sagt nicht (von Gott, daß er) drei (sei)! Hört auf! Das ist besser für euch. Gott ist nur ein einziger Gott. Gepriesen sei er! (Er ist darüber erhaben) ein Kind zu haben. Ihm gehört (vielmehr alles), was im Himmel und auf Erden ist. Und Gott genügt als Sachwalter“ (4,171).

Später, als Muḥammad dabei war, die Vorherrschaft des Islams in ganz Arabien zu sichern, wurden seine Vorwürfe heftiger, denn er fürchtete, die Christen würden seinen politischen Plänen in irgendeiner Weise hinderlich sein. So mischt sich der religiöse Streit mit der Warnung gegen jeden Versuch, die Gläubigen irrezuführen: „Sag: Ihr Leute der Schrift! Treibt es nicht zu weit (und sagt nichts aus) außer der Wahrheit! Und folge nicht der (persönlichen) Neigung von Leuten, die (schon) früher irregegangen sind und viele irregeführt haben und vom rechten Weg abgeirrt sind!“ (5,77). Das Bestehen der schlechten Christen auf ihren irrigen Ansichten macht sie also den Ungläubigen gleich oder auch den Juden, die versucht haben, die Muslime irrezuführen, und deswegen bekämpft, vernichtet oder ins Exil getrieben wurden. Die Drohung wird deutlich: „Ungläubig sind diejenigen, die sagen: Gott ist Christus, der Sohn der Maria. Sag: Wer vermöchte gegen Gott etwas auszurichten, falls er (etwa) Christus, den Sohn der Maria, und seine Mutter und (überhaupt) alle, die auf der Erde sind, zugrunde gehen lassen wollte?“ (5,17).

Die Sure 5 enthält eine Reihe von Versen, die von den Christen wie von Ungläubigen spricht, die man mit den Polytheisten vergleichen kann, denen der Eingang des Paradieses verwehrt wird (5,72). Wenn sie nicht aufhören, solche unerhörte Lehren zu verbreiten, wird sie eine schmerzhafte Strafe treffen (5,73). Denn sie sind der Lehre Jesu untreu geworden (vgl. 5,116–117). Der Koran entrüstet sich: „... Sieh, wie wir ihnen die Verse klar machen! Und dann sieh, wie verschroben sie sind!“ (5,75). Das „Verschrobensein“ und die Opposition der schlechten Christen gegen den Islam drücken sich in einer aggressiven Haltung aus, die für die Muslime gefährlich werden kann: „Sie wollen das Licht Gottes ausblasen ...“ (9,32; vgl. 61,8); sie „halten ihre Mitmenschen vom Wege Gottes ab“ (9,34). Daher sollen sich die gläubigen Muslime vor ihnen in acht nehmen. Sie sollen die Juden und die Christen nicht als Freunde betrachten und behandeln. „Sie sind untereinander Freunde. Gott leitet das Volk der Frevler nicht recht“ (5,51). Weil diese schlechten Christen „verschrobene, gottverfluchte“ Leute sind (9,30), sollen die Gläubigen sie bekämpfen, solange sie sich nicht zum Islam bekennen: „Kämpft gegen sie, bis sie kleinlaut aus der Hand Tribut entrichten“ (9,29). Durch diese Bestimmung versetzt der Koran die

Christen in den Status von Schutzbefohlenen des Islams, die von der islamischen Gemeinschaft toleriert, aber nicht voll integriert werden, die aber auch gelegentlich ihre Unterordnung durch gewisse Demütigungen spüren sollen. Denn alle Welt muß wissen: Gott „ist es, der seinen Gesandten mit der Rechtleitung und der wahren Religion (= dem Islam) geschickt hat, um ihr zum Sieg zu verhelfen über alles, was es (sonst) an Religion gibt – auch wenn es den Heiden zuwider ist“ (9,33; vgl. 61,9; 48,28).

### *Haltung der Muslime zu den Christen heute*

Je nachdem, ob sie sich auf die Koranstellen, die die guten Christen ansprechen, oder auf die, die gegen die schlechten Christen Stellung nehmen, beziehen, befürworten die Muslime heute eine strenge oder im Gegenteil eine aufgeschlossene Haltung gegenüber den Christen.

Es gibt eine extreme Position, die das Gespräch und die freundlichen Beziehungen zu den Christen als unzulässig ablehnt. Diese Haltung herrscht bei den breiten Massen der islamischen Länder, denn sie betrachten die Christen durchweg als Ungläubige (kuffār). Man meidet den Kontakt mit ihnen und ist nicht bereit, mit ihnen auf partnerschaftlicher Ebene zu verhandeln und zu leben. Es gilt in diesen Kreisen weiterhin der alte Grundsatz, die Christen nicht mit positiver Offenheit zu behandeln, sondern nach Möglichkeit niederzuhalten und eventuell für den Islam zu gewinnen. Man unterstreicht in diesem Zusammenhang die Aussagen des Korans über die Opposition der Christen gegen den Islam, ihre Gefährlichkeit für den islamischen Glauben, vor allem aber die Bestimmung des Korans, sie zu bekämpfen, bis sie sich dem Islam unterwerfen. Alle milderen Koranstellen und alle anderen Aussagen, die die Christen loben und ihnen eine Heilsmöglichkeit zugestehen, seien durch folgende Feststellung des Korans endgültig aufgehoben und außer Kraft gesetzt: „Wenn sich aber einer eine andere Religion als den Islam wünscht, wird es nicht (als Ersatz für den wahren Glauben) von ihm angenommen werden. Und im Jenseits gehört er zu denen, die den Schaden haben“ (3,85).

Es gibt aber Muslime, die den Dialog mit den Christen als zulässig ansehen. Sie berufen sich dabei auf die Aussagen des Korans (16,125), der selbst den Dialog mit den Christen führte (3,64) und sogar eine legitime Pluralität der Religionen biblischer Tradition feststellt (2,148; 5,48). Außerdem verheißt der Koran das Heil allen, die an Gott und an den jüngsten Tag glauben und das Gute tun (vgl. unter vielen anderen Versen 4,163). Aber die Christen sowie die Juden, die Sābier und die Magier werden als Gläubige im Gegensatz zu den Heiden bezeichnet (22,17). Sie werden mit den gläubigen Muslimen in die Gruppe derer eingestuft, die durch ihren Glauben und ihr sittliches Handeln gerettet werden:

*2,62*

Diejenigen, die glauben, und diejenigen, die dem Judentum angehören, und die Christen und die Ṣābier – (alle), die an Gott und den jüngsten Tag glauben und tun, was recht ist, denen steht bei ihrem Herrn ihr Lohn zu, und sie brauchen keine Angst zu haben, und sie werden nicht traurig sein (vgl. 5,69).

Dieser Grundsatz erklärt, daß der Koran die weitere Gültigkeit der Tora als Gesetz für die Juden und des Evangeliums als Gesetz für die Christen sowie die Gültigkeit des Korans als Gesetz für die Muslime bestätigt (5,43–48).

Die Muslime, die den Dialog mit den Christen als zulässig betrachten, bemerken mit Recht, daß die strengen Vorschriften und die politischen Maßnahmen des Korans gegen die Juden und die Christen den Zwängen der damaligen Situation entspringen. Sie sind nur durch ähnliche Situationen zu rechtfertigen, d.h. jedesmal, wenn z.B. Christen gegen die Interessen der islamischen Gemeinschaft aktiv auftreten, wenn sie durch die Verderbtheit ihres sittlichen Wandels, durch ihren positiven Widerstand gegen den Glauben, endlich durch ihre Versuche, die Gläubigen vom Glauben abzubringen, eine Bedrohung für den Islam darstellen: für den Glauben der Muslime, für die Einheit der Glaubensgemeinschaft und für die Existenz der islamischen Länder.

Auch wenn die guten Beziehungen zu den Christen zulässig sind, so ist der positive Dialog mit ihnen nach der Meinung zahlreicher Muslime doch überflüssig. Der Islam sei die endgültige und vollkommene Form der Religion. Er biete dem Menschen alles, was er nötig habe, um seinen Weg vor Gott zu finden. Alles andere sei überflüssig, es könne sogar gefährlich werden.

Es gibt jedoch im Islam eine Minderheit, die sich für den Dialog und die Zusammenarbeit mit den Christen ohne grundsätzliche Vorbehalte ausspricht. Denn ohne Aufgeschlossenheit gegenüber anderen und ohne Kontakte mit ihnen sei in einer zusammenrückenden Welt ein halbwegs krisenfreies Überleben des Islams nicht zu sichern. Die Stärkung des Islams durch die heutige Erweckungsbewegung befreie ihn von Minderwertigkeitsgefühlen und mache ihn fähig, sich die wissenschaftlichen Methoden der religiösen Forschung anzueignen und damit ins Gespräch mit den Christen einzutreten. Darüber hinaus, und das ist der wesentliche und vordringliche Wunsch offizieller Stellen in der islamischen Welt, solle man vor allem eine enge Zusammenarbeit zwischen den islamischen Organisationen und den christlichen Kirchen und Institutionen anstreben, um Zeugnis für den Glauben an Gott zu geben und einen Beitrag zur Lösung der Probleme unserer Zeit zu leisten.

### *Die Christen und der Islam*

Als die Christen mit dem Islam konfrontiert wurden, herrschte bei ihnen eine Theologie, die scharfe Kriterien zur Feststellung der Echtheit einer prophetischen Sendung ausgearbeitet hatte. Außerdem gilt im Christentum die Lehre, daß die göttliche Offenbarung in ihrer offiziellen und verbindlichen Form mit Christus ihre Krönung und endgültige Erfüllung gefunden hat und aufgrund des Zeugnisses der Apostel im Neuen Testament schriftlich fixiert wurde. So haben die Christen immer wieder die Echtheit der Sendung Muḥammads geleugnet. Er habe keines der beweiskräftigen Kriterien erfüllt: Kein Zeuge könne den Empfang der Offenbarung von Gott bestätigen, kein Prophet habe sein Auftreten im voraus verkündet, er selbst habe keine Beglaubigungswunder gewirkt und habe keine Weissagung ausgesprochen. Zudem seien seine persönlichen Eigenschaften eher Gegenbeweise, denn er habe eine ungezügelte Sinnlichkeit an den Tag gelegt, er habe immer wieder Gewalt gegen seine Widersacher angewandt. Schließlich zeuge seine Lehre von ziemlicher Unwissenheit in religiösen Fragen.

Auch der Koran, der sich als Bestätigung der Tora und des Evangeliums versteht, stehe in Widerspruch zur Bibel in den Angaben über die biblischen Gestalten und über Jesus und in seinen gesetzlichen Bestimmungen. Der Koran sei nicht Gottes Wort, sondern Menschenwerk.

Was der Islam zum Heil der Menschen anbiete, sei unwirksam. Das allein heilswirkende Opfer Christi werde vom Koran verleugnet. Auch kenne der Islam die Sakramente der Kirche nicht. Moral und Lehre des Islams seien ein Gemisch von guten und bösen Bestimmungen bzw. von richtigen und falschen Aussagen. So sei der Islam eine falsche Religion.

Es gab in der Vergangenheit immer wieder christliche Theologen, die versucht haben, dieses harte Urteil über den Islam zu nuancieren und im Islam die guten Seiten hervorzuheben.

Das II. Vatikanische Konzil hat die positiven Ergebnisse dieser theologischen Überlegungen aufgenommen und sie teilweise zur offiziellen Lehre der Kirche gemacht: „Mit Hochachtung betrachtet die Kirche auch die Muslime, die den alleinigen Gott anbeten, den Lebendigen und in sich Seienden, den Barmherzigen und Allmächtigen, Schöpfer Himmels und der Erde, der zu den Menschen gesprochen hat. Sie bemühten sich, sich selbst seinen Ratschlüssen mit ganzer Seele zu unterwerfen, so wie Abraham, auf den der islamische Glaube sich so gern beruft, sich Gott unterworfen hat. Jesus, den sie allerdings nicht als Gott anerkennen, verehren sie doch als Propheten, und sie ehren seine jungfräuliche Mutter Maria, die sie bisweilen auch in Frömmigkeit anrufen. Überdies erwarten sie den Tag des Gerichtes, an dem Gott alle Menschen auferweckt und ihr Vergelter ist. Daher haben sie eine hohe Achtung vor dem sittlichen Leben und verehren Gott insbesondere durch Gebet, Almosen und Fasten ..." (Nostra aetate, 3).

Die Bejahung solcher doktrinaler und sittlicher Werte des Islams durch das Konzil läßt aber deutlich erkennen, daß der Islam, der dem Christentum so nahe steht, sich doch der christlichen Lehre in zentralen Punkten entgegenstellt. Der Islam glaubt zwar an den einen, einzigen Gott, er leugnet jedoch, daß dieser Gott in seiner Einheit eine Dreifaltigkeit ist, Vater, Sohn und Heiliger Geist. Der Islam glaubt an Jesus Christus, weist aber den christlichen Glauben an seine Gottheit zurück und sträubt sich entschieden gegen die Bezeichnung Jesu Christi als Sohn Gottes: Damit ist das Geheimnis der Inkarnation des ewigen Wortes Gottes geleugnet. Der Islam behauptet, daß Jesus nicht am Kreuz gestorben ist und auch daß die Menschen keinen Mittler zwischen sich und Gott brauchen, denn jeder trägt seine eigene Last, und keiner trägt die Last anderer (39,7; 6,164). Damit wird das Erlösungswerk Christi in wesentlichen Teilen geleugnet.

Der Islam hält das Evangelium für Gottes Offenbarung, aber das Neue Testament, das die Christen heute lesen, gilt für die meisten Muslime als verfälscht, manipuliert oder wenigstens als durch falsche Interpretation entstellt. Die islamische Gemeinschaft kennt keine Hierarchie und keine Sakramente. Die islamische Moral ist vor allem ein Teil des Gesetzes, und sie bestimmt die Haltung des Menschen vor allem als die Haltung des Knechtes, der sich im tiefen Glauben dem unbedingten Willen Gottes bedingungslos hingibt, nicht als die Haltung des Kindes, der Gott innig lieben darf (eine Ausnahme bilden hier die Mystiker).

Angesichts dieser Unterschiede in der Gemeinsamkeit und aufgrund der Konfrontation in der Vergangenheit haben sich bei den Christen unterschiedliche Positionen in bezug auf die Haltung zu den Muslimen gebildet.

Bei vielen, vielleicht den meisten Christen, herrscht noch das Mißtrauen vor. In Europa begegnet man den Muslimen vor allem als Ausländern und Fremden, was zunächst einmal eine distanzierte Haltung bei den Menschen hervorruft. In anderen Ländern ist die Erinnerung an die unseligen Zeiten der Unterdrückung und des Fanatismus noch lebendig. So fragen sich solche Christen, ob ein Dialog mit den Muslimen sinnvoll ist, manche fragen sich sogar, ob die Muslime heute überhaupt schon dialogbereit und dialogfähig sind.

Für manche Christen sind Kontakte mit Muslimen, zumal in Europa und Amerika, hauptsächlich eine Gelegenheit, Mission unter ihnen zu betreiben und sie zum Christentum zu bekehren.

Andere, deren Zahl zunimmt, sprechen sich für einen ehrlichen Dialog und eine dezidierte Zusammenarbeit mit den Muslimen aus. Sie berufen sich auf die vorhin zitierte Erklärung des II. Vatikanischen Konzils, das alle Beteiligten ermahnte, „das Vergangene beiseite zu lassen, sich aufrichtig um gegenseitiges Verstehen zu bemühen und gemeinsam die soziale Gerechtigkeit, die sittlichen Güter sowie Frieden und Freiheit für alle Menschen zu schützen und zu fördern“ (Nostra aetate, 3). Auch Papst Paul VI. richtete an die Weltmuslimgemeinschaft zum Ramaḍānfest 1972 folgendes Grußwort: „... Da wir nun den Glauben an den gleichen Gott teilen, sollten wir ihn anrufen, daß er uns einander jeden Tag näherbringen möge, damit wir fähig werden, jeder auf seine Art für eine höhere Wahrheit, für Gerechtigkeit und für den Frieden in der Welt zusammenzuarbeiten.“ Dazu kommt, daß die theologische Reflexion nicht mehr undifferenziert den Islam in die Reihe der falschen Religionen verweist, sondern der ehrlichen Suche der Muslime nach Gott einen bestimmten heilswirkenden Wert zuerkennt.

### *Für den Dialog zwischen Christen und Muslimen*[10]

Der Dialog zwischen Christen und Muslimen und das Zusammenleben der beiden Gemeinschaften werfen eine Menge theoretischer und praktischer Probleme auf. Diese schwierige Aufgabe fordert eine entschiedene Offenheit des Geistes und eine große Opferbereitschaft des Herzens. Wer den Dialog sucht, muß bereit sein, aus sich selbst herauszugehen, aus dem geschützten Bereich des eigenen Lebens, aus der gewohnten Sicherheit der eigenen Tradition auszuziehen und auf den anderen zuzugehen. Die spontan aufbrechenden Gefühle des Mißtrauens gegenüber dem Fremden, das das Gewohnte stört und die orientierenden Normen des praktischen Lebens in Frage zu stellen droht, müssen gezähmt und überwunden werden, auch wenn man allen Grund hat zu meinen, daß die Erfahrungen der Vergangenheit zur Vorsicht mahnen. In dieser Welt, die von Haß und Entfremdung erfüllt ist, lohnt es sich, in der Nachfolge Christi, der sich für alle hingegeben hat, wenigstens Offenheit zu zeigen, Mißtrauen und Mißverständnis zu überwinden, eine ehrliche Sympathie zu entfalten, die das gegenseitige Verstehen-Wollen und Verstehen-Können ermöglicht und fördert.

Dem gegenseitigen Verständnis dient eine möglichst objektive Information, die von der Mitte des eigenen Selbstverständnisses der jeweiligen Religion ausgeht und versucht, wieder zu dieser lebendigen Mitte vorzudringen, um damit dem Partner in seiner Identität zu begegnen. Es wird hier kein blindes Entgegenkommen empfohlen. Die kritische Suche nach der Wahrheit verliert auch hier nicht ihre Berechtigung und ihren Platz. Kritische Offenheit, kritische Sympathie wird geradezu gefordert, und dies aus Liebe zur Wahrheit, aus Respekt für den Gesprächspartner, den man in seiner Person und in seiner Religion wirklich ernst

---

[10] Die Ausführungen bis zum Ende des Kapitels folgen meinem Beitrag: „Anmerkungen zum Dialog zwischen Christentum und Islam", in: Christen und Moslems in Deutschland, Hrsg.: Ständige Arbeitsgruppe für christlich-islamische Beziehungen und für Kontakte zu anderen Weltreligionen (Deutsche Bischofskonferenz), Essen 1977, S. 74–82.

nimmt. Diese kritische Haltung schützt die Gesprächspartner vor einem rein höflichen Gedankenaustausch, vor einem allzu leichtfertigen Entdeckungseifer und vor einem nivellierenden Synkretismus. Wenn der Dialog mit diesem Ernst geführt wird, kann die Bereitschaft wachsen, religiöse und menschliche Werte, wo immer sie auch festgestellt werden, anzuerkennen und aufzunehmen, und dies zur Bereicherung und Vertiefung des eigenen Lebens und zur Festigung und genaueren Orientierung des eigenen bzw. des gemeinsamen praktischen Einsatzes.

Aber der Dialog lebt nicht nur von der Aufgeschlossenheit und der Aufnahmebereitschaft der Gesprächspartner. Er lebt gleichermaßen von der Dynamik der ernsten Treue zur eigenen Überzeugung und zur eigenen Religion. Diese Treue ist kein blindes Festhalten an allem, was in irgend einer Form zu einer Tradition gehört. Sie läßt aber auch nicht zu, daß man leichtfertig das aufgibt, was zur Substanz einer Tradition gehört und die Identität einer Religion ausmacht bzw. darstellt. Diese dezidierte und offene Treue zur eigenen Identität ist ein Grundpfeiler des echten, fruchtbaren Dialogs. Denn je tiefer die Überzeugung von der Wahrheit der eigenen Religion ist, desto offener kann man für die Werte sein, die in der religiösen Erfahrung der Andersgläubigen und in den anderen Religionen zum Ausdruck kommen, desto eifriger kann man das Gespräch und den Austausch mit den anderen suchen, ohne sich dadurch selbst aufzugeben oder den Eindruck zu haben, man begebe sich auf total ungeschützte Positionen.

*Christliche Beurteilung des Islams*

Die theologische Beurteilung des Islams in bezug auf seine Heilswerte und seine religiöse Bedeutung kann aufgrund folgender Überlegungen erfolgen.

Der universale Heilswille Gottes wird im Neuen Testament deutlich herausgestellt. Das Evangelium ist „eine Kraft Gottes zum Heil für einen jeden, der glaubt" (Röm 1,16). „Gottes Wille ist es, daß alle Menschen gerettet werden und zur Erkenntnis der Wahrheit gelangen" (1 Tim 2,4). Dieser universale Heilswille Gottes verwirklicht sich in Jesus Christus und durch Jesus Christus für alle Menschen, denn alle werden zum Heil geführt im Hinblick auf ihn (vgl. 1 Tim 2,5; Apg 4,12). Der normale Weg des Heiles geht also direkt über Jesus zum Vater. Dieser Weg verwirklicht sich in der irdischen Gestalt der Kirche, die selbst zu ihrer vollkommenen Läuterung und Erfüllung im Reiche Gottes am Ende der Zeit unterwegs ist.

Doch ist Gott in seiner unverfügbaren Freiheit und in seiner unfaßbaren Transzendenz nicht in jedem Fall an die irdische Gestalt der Kirche gebunden. Er schenkt seine Gnade allen Menschen guten Willens, auch wenn sie sich außerhalb der sichtbaren Kirche befinden. Er erlöst sie durch die Gnade Christi, wenn sie sich bemühen, ihn zu suchen und sich an ihn zu wenden. Die Voraussetzungen dieser Suche und dieser Hinwendung zu Gott sind nach den Hinweisen des Neuen Testamentes folgende:

Der Glaube an Gott kann eine Grundgestalt annehmen, die schon Heilsbedeutung und Heilswirksamkeit besitzt: „Ohne den Glauben ist es unmöglich, (Gott) zu gefallen, denn wer vor Gott treten will, muß glauben, daß er ist und daß er denen, die ihn suchen, ein Vergelter wird" (Hebr 11,6).

Der zweite Hinweis berücksichtigt den praktischen Aspekt des Lebens aus dem Glauben. Wie der heilswirkende Glaube in guten Werken seinen Ausdruck findet, so darf man aus der Tatsache, daß einer das Gute tut, schließen, daß in ihm die Gnade wirkt und der Glaube, wenn auch keimhaft oder unbewußt, gegenwärtig ist. „Herrlichkeit, Ehre und Friede einem jeden, der das Gute tut, dem Juden wie dem Griechen" (Röm 2,10). „Wenn ihr wißt, daß er (Gott) gerecht ist, so erkennt auch, daß jeder, der Gerechtigkeit übt, aus ihm geboren ist" (1 Joh 2,29). „In jedem Volk findet bei Gott Aufnahme, wer ihn fürchtet und Gerechtigkeit übt" (Apg 10,35).

Das II. Vatikanum sagt dazu: „Der Heilswille umfaßt auch die, welche den Schöpfer anerkennen, unter ihnen besonders die Muslime, die sich zum Glauben Abrahams bekennen und mit uns den einen Gott anbeten, den barmherzigen, der die Menschen am Jüngsten Tag richten wird. Aber auch die anderen, die in Schatten und Bildern den unbekannten Gott suchen, auch solchen ist Gott nicht ferne, da er allen Leben und Atem gibt (vgl. Apg 17,25–28) und als Erlöser will, daß alle Menschen gerettet werden (vgl. Tim 2,4). Wer nämlich das Evangelium Christi und seine Kirche ohne Schuld nicht kennt, Gott aber aus ehrlichem Herzen sucht, seinen im Anruf des Gewissens erkannten Willen unter dem Einfluß der Gnade in der Tat zu erfüllen trachtet, kann das ewige Heil erlangen. Die göttliche Vorsehung verweigert auch denen das zum Heil Notwendige nicht, die ohne Schuld noch nicht zur ausdrücklichen Anerkennung Gottes gekommen sind, jedoch, nicht ohne die göttliche Gnade, ein rechtes Leben zu führen sich bemühen" (Konstitution über die Kirche, Lumen Gentium, Nr. 16).

Es stellt sich nun die Frage, auf welchem Weg die Menschen zum Bekenntnis wenigstens des Grundglaubens oder zum sittlichen Gehorsam gegenüber dem imperativen Gewissen kommen. Praktisch und in den meisten Fällen sind die verschiedenen Institutionen ihrer jeweiligen Religion dieser Weg. So sind die nichtchristlichen Religionen für ihre Anhänger die konkreten Bedingungen der Möglichkeit des Heiles. Sie vermitteln die religiösen Elemente, durch die der Mensch die Existenz Gottes erkennt, unter dessen Gericht er steht und dessen Willen er als sittliche Norm annimmt.

Diese Ausführungen besagen keineswegs, daß man alle Elemente und Institutionen der verschiedenen Religionen ohne weiteres bejahen und kritiklos unterstützen muß. Denn diese Religionen sind als gesellschaftliche Gebilde in vieler Hinsicht Werk der Menschen und daher, wie der sündige Mensch selbst, mit Sünde behaftet und weisen entstellende Züge auf. Dennoch bleiben sie Wege zu Gott, denn sie vermitteln den Menschen den Glauben und die Norm des sittlichen Handelns. Ihre Anhänger können das Heil erlangen trotz ihrer Religion und deren Irrtümer, aber auch vermittels ihrer Religion und deren heilsbedeutender Grundelemente.

Der Muslim findet in seiner Religion die Elemente, die ihn zum Heil führen können. Er glaubt an den einen Gott, den Schöpfer der Welt und des Menschen, den Richter am Tage des Gerichtes. Außerdem gebietet der Islam das Gute und fördert die Tugenden der Gerechtigkeit, Lauterkeit, Weitherzigkeit, Nachsicht, Bruderliebe, Solidarität. Er ruft den Menschen zu Gott zurück durch Reue und Buße und durch den Vollzug von Kulthandlungen, die ihn auf Gott ausrichten. So kann der Islam trotz aller Schwächen und Mängel, die nicht zu verschleiern sind und von denen im Dialog gesprochen werden soll, seinen Anhängern als Weg zum Heil dienen.

Man könnte einwenden, daß der Islam die Gottheit Christi ausdrücklich leugnet, die Dreifaltigkeit Gottes ablehnt und das Erlösungswerk Christi am Kreuz zurückweist. Kann man auch solchen Religionen, die den zentralen Heilswahrheiten des Christentums so deutlich entgegenstehen, eine Heilswirksamkeit zuerkennen. Man muß in diesem Fall bedenken, daß der Islam auf der anderen Seite schon eine Teilkenntnis von Christus besitzt und unterwegs ist zur vollen Erkenntnis Christi. Seine Heilswirksamkeit verdankt er jedoch nicht den dem Christentum entgegengesetzten Lehren, sondern den anderen Wahrheiten und Verhaltensregeln, die nicht unbedingt durch die falschen Aussagen völlig neutralisiert und wertlos gemacht werden.

Zudem wird das Heil subjektiv nur dann verlorengehen, wenn die religiöse Überzeugung als eine direkte und reflektierte Entscheidung gegen Christus gelten kann. Solange also der betreffende Gläubige sich von Christus und seinem Heil nicht so tief existentiell angesprochen fühlt, daß er meint, er müsse sich nun für oder gegen Christus entscheiden, bleibt er im Heilswillen Gottes und in der Liebe Christi umschlossen und kann das Heil erlangen.

Zusammenfassend kann man folgendes festhalten:

Der Muslim als einzelner kann, wenn er ehrlich ist und nach seinem Gewissen handelt, aus christlicher Sicht auf jeden Fall damit rechnen, daß Gott ihm die heilbringende Gnade schenken wird.

Für die Muslime guten Willens ist der Islam der Ort, an dem sie die religiösen Werte vorfinden und erleben, die sie zum Heil führen.

Die Beziehung der Christen zu den Muslimen sollte eine zweifache sein. Zunächst einmal sollen sie die Muslime in ihren Bemühungen unterstützen, die religiösen Werte des Islams aufzunehmen und zur Entfaltung zu bringen; zum zweiten müßten sie ihnen in der Liebe Christi so begegnen, daß sie durch die Vertiefung ihrer eigenen religiösen Werte und durch Aufnahme der christlichen Anregungen vielleicht den Weg zu einer offenen Annäherung an Christus finden.

Die Muslime sind ihrerseits aufgefordert, parallele Überlegungen anzustellen, um zu einer ausgewogeneren und gerechteren Beurteilung des Christentums und der Christen zu kommen. Es ließe sich einiges in der Tradition und auch in der modernen theologischen Literatur finden.

### *Praktische Formen des Dialogs*

Der religiöse Dialog ist ein schwieriges Unternehmen, zumal zwischen Christen und Muslimen, deren traditionelle Beziehungen bis in die jüngste Zeit hinein immer wieder von Mißtrauen, Feindschaft, ja Haß gekennzeichnet sind. Dazu kommen die Pauschalurteile über die jeweils andere Religion, wobei diese Urteile auf weiten Strecken immer noch voller Vorurteile, Mißverständnisse und Einseitigkeiten sind. Sie sind auch oft ein Vorwand, um noch nicht überwundene Befürchtungen vor unübersehbaren Folgen sozialer oder politischer Natur zu überdecken.

Dazu kommt, daß die geschichtlichen Entwicklungen eine immer größere Entfernung des christlichen Denkens von der islamischen Vorstellungswelt mit sich brachten. Die soziokulturellen Bedingungen sind anders gewesen, die theologischen Methoden und die Denkkategorien des Christentums unterscheiden sich heute stark von denen des Islams. Dieser Umstand wird noch dadurch verstärkt, daß der Islam ziemlich eng an sein klassisches Mittelalter gebunden bleibt und den Anschluß an die moderne Denkweise noch nicht gefunden hat.

Vielleicht ist der direkte Vergleich der theologischen Aussagen und der religiösen Systeme in einer ersten Phase des Dialogs auch nicht erstrebenswert...

Trotz der aufgezeigten Schwierigkeiten soll das Gespräch gesucht und geführt werden, denn das Bessere ist oft der Feind des Guten. Was heute möglich ist, ist nicht die Suche nach direkter dogmatischer Einigung. Es gilt, Geduld zu haben und nicht sofort die Endphase des Dialogs vorwegnehmen zu wollen.

Man könnte sich auf einen Maßstab zur Belebung der Religion einigen: „An ihren Früchten werdet ihr sie erkennen“ (Mt 7,20). Es gilt, das Zeugnis des Lebens und das Zeugnis der Geschichte aufzuwerten und dabei folgende Aspekte zu berücksichtigen:

- das religiöse Leben und die Gestaltung der Frömmigkeit;
- die Wirkkraft der Religion im Leben der einzelnen, der Gemeinschaft, der Gesellschaft und der Weltgemeinschaft;
- die Anpassungsfähigkeit der Religion und ihre Lebensfähigkeit in der modernen Welt.

Der Dialog wird dazu dienen, diese Früchte der Religionen kennen, kritisch sichten und auch schätzen zu lernen. So wird der Dialog nicht mehr eine Polemik zur Zerstörung der Widersacher oder in erster Linie eine Apologetik zur Widerlegung verschiedener Einwände sein, sondern das Gespräch der Zuhörenden und Mitteilenden, die sich der Pflege der positiven Kommunikation und des lebendigen Zeugnisses widmen.

Damit wird die Grundlage für die Anerkennung der positiven Werte der jeweils anderen Religion und für die Übernahme solcher Werte zur Bereicherung des eigenen Lebens geschaffen. Denn all diese echten Werte sind ja die Spuren Gottes und die Wirkung seines Geistes im Leben der Menschen. So gehen die Partner gemeinsam auf die Suche nach Gott und nach der integralen und lebendigen Wahrheit. Und so kann die Gastfreundschaft, die eine wesentliche Tugend der islamischen Gemeinschaft ist und im Christentum wiederholt empfohlen wird, geübt werden, und zwar nicht nur für die menschlichen Personen, sondern auch für die Werte, von denen sie leben. Dies alles führt zur Bejahung der Komplementarität aller Wirkungserscheinungen des Geistes Gottes in den Menschen und in der Geschichte. So kann die Gemeinschaft der Gläubigen ihre vollkommene Gestalt immer tiefer und deutlicher auch in den Gesichtszügen der „Fremden" erkennen; so lernt sie das Wirken Gottes in der Geschichte besser und genauer erkennen und annehmen und, damit verbunden, die wahren Dimensionen ihrer eigenen Universalität erkennen und verwirklichen.

Gleich bedeutend wie das religiöse Gespräch ist die Zusammenarbeit der Christen und der Muslime auf allen Ebenen, auf denen sie ihren Beitrag zur Lösung der Probleme der Menschen in der Welt zu leisten hoffen. Es ist keine heilige Allianz gegen die Ungläubigen oder gegen irgend jemand anderes, es ist die eigene Bemühung um die gemeinsamen Probleme der Menschheit. Darin soll sich der Glaube bewahrheiten, die Hoffnung bewähren und die Liebe verwirklichen.

# Literaturhinweise


Der Koran, Übersetzung von R. Paret, Stuttgart 1966; Werkausgabe: Stuttgart 1979.

Paret, R., Der Koran, Kommentar und Konkordanz, Stuttgart ²1977.

Handwörterbuch des Islam, Leiden 1942; Neudruck 1979.

Lexikon der islamischen Welt (Urban-Bücher 200), 3 Bde, Stuttgart 1974.

Andrae, T., Mohammed, sein Leben und sein Glaube, Göttingen 1932.

–, Islamische Mystiker (Urban-Bücher 46), Stuttgart 1960.

Bsteh, A. (Hrsg.), Der Gott des Christentums und des Islams (= Beiträge zur Religionstheologie 2), Mödling 1978.

Buhl, F., Das Leben Muhammads, Heidelberg ³1961.

Cahen, C., Islam I (Fischer Weltgeschichte 14), Frankfurt a. M. 1968.

Falaturi, A. / Strolz, W. (Hrsg.), Glauben an den einen Gott. Menschliche Gotteserfahrung im Christentum und im Islam, Freiburg i. Br. 1975.

Fitzgerald, M. / Khoury, A. / Wanzura, W. (Hrsg.), Moslems und Christen – Partner? (Islam und westliche Welt 1), Graz 1976.

–, Mensch, Welt, Staat im Islam (Islam und westliche Welt 2), Graz 1977.

Gardet, L., Der Islam (Christ in der Welt), Aschaffenburg 1961.

–, Islam, Köln 1968.

Grunebaum, G. E. von, Islam II (Fischer Weltgeschichte 15), Frankfurt a. M. 1971.

Jasper, G. (Hrsg.), Muslime – unsere Nachbarn, Frankfurt a. M. 1977.

Jockel, R., Islamische Geisteswelt von Mohammed bis zur Gegenwart, Darmstadt 1954.

Khalid, D., Die politische Rolle des Islam im Vorderen Orient – Einführung und Dokumentation (Deutsches Orient-Institut), Hamburg ²1979.

Khoury, A., Einführung in die Grundlagen des Islams (Islam und westliche Welt 3), Graz 1978.

Lähnemann, J., Nichtchristliche Religionen im Unterricht – Beiträge zu einer theologischen Didaktik der Weltreligionen, Schwerpunkt: Islam, Gütersloh 1977.

Loth, H. J. / Mildenberger, M. / Tworuschka, U., Christentum im Spiegel der Weltreligionen, Stuttgart 1978.

Paret, R., Mohammed und der Koran (Urban-Bücher 32), Stuttgart ⁴1976.

Stieglecker, H., Die Glaubenslehren des Islam, Paderborn 1962.

Watt, W. M. / Welch, A. T., Der Islam I (Die Religionen der Menschheit 25/I), Stuttgart 1980.


Empfehlenswert sind auch die Veröffentlichungen der CIBEDO (Christlich-Islamische Begegnung: Dokumentationsleitstelle) in den Reihen: Dokumentation, Texte, Köln ab 1978.


Butzkamp, A., Allah ist größer, 44 Farbdias, 32 Minuten Tonband bzw. Tonkassette, Bildungswerk der Erzdiözese Köln 1978.

# Register der arabischen Namen und Begriffe